读心术

吕晨 著

透过人的外在表现，去探测其内在的心理活动

北京时代华文书局

图书在版编目（CIP）数据

读心术 / 吕晨著. -- 北京 ：北京时代华文书局，2019.10
ISBN 978-7-5699-3192-1

Ⅰ．①读… Ⅱ．①吕… Ⅲ．①心理交往－通俗读物 Ⅳ．①C912.11-49

中国版本图书馆 CIP 数据核字（2019）第 210966 号

读 心 术
DUXIN SHU

著　　者｜吕　晨
出 版 人｜王训海
选题策划｜王　生
责任编辑｜周连杰
封面设计｜乔景香
责任印制｜刘　银

出版发行｜北京时代华文书局 http://www.bjsdsj.com.cn
　　　　　北京市东城区安定门外大街136号皇城国际大厦A座8楼
　　　　　邮编：100011　电话：010-64267955　64267677
印　　刷｜三河市金泰源印务有限公司　　电话：0316-3223899
　　　　　（如发现印装质量问题，请与印刷厂联系调换）
开　　本｜889mm×1194mm　1/32　印　张｜6　字　数｜114千字
版　　次｜2019 年 10 月第 1 版　印　次｜2019 年 10 月第 1 次印刷
书　　号｜ISBN 978-7-5699-3192-1
定　　价｜38.00元

在社会中生存的人们，在与他人交往的过程中，不能揣摩到对方内心的变化情况将会给自身带来诸多不利。人们不管在职场还是在商场，如果不能分析出他人心里在想什么，就不能驰骋于职场或商场中。心理学家认为在与人交流时，语言沟通是最主要的方式，是人与人之间传递情感、态度、信念和想法的过程，但是，读懂他人的心理，光靠语言是不够的，有时候，一种不经意的非言语信息，更能透露出他的内心想法。

美国著名心理学家艾伯特·赫拉伯恩曾提出过一个公式：信息交流的结果=7％的语言+38％的语调语速+55％的表情和动作。由此可知，人们在人际交往中，多达93％的信息是通过非语言方式传递的，可见，读懂和使用非言语信息具有非常重要的意义。

那么，什么是非言语信息？非言语信息是指人们在日常生活中，通过身体某些部位的表情、姿态、动作、生理反应以及衣饰等，透露出他们的心理信息。身体的不同部位会传达出不同的非言语信息。比如说，人与人目光接触时，一个人可以从对方那里得到很多的信息，可以帮助交往的双方心理同步，也可以用来表达一个人的喜、怒、哀、乐；而从对方面部五官的表情，则可以看出对方的信任、怀疑、兴奋、犹豫等在言语中有意掩饰的涵义；而不安地来回走动则显示某人的某种焦虑不安的情绪……

人类是符号化的动物。人们不但可以将自己心里的感觉、念头、情绪以非言语信息的形式传递出来，而且也可以通过破译他人的非言语信息，来了解其所欲传达的心理信息。所以，非言语信息是一种双向的表达和沟通方式。

在非正式的聚会上，当看到他人吸烟的姿势，你能判断出对方是一个什么样的人吗？在工作中，看到同事走到你的办公桌前，你想到了什么？在销售活动中，客户摸了一下鼻子，你认为对方在向你发出什么信号？在男女交往中，你是如何运用非言语信息，来增强自身的最佳优势的……

本书是从心理学角度出发，从人的非言语信息、内在性格等方面进行分析与研究而总结出的超级实用读心术。读者不仅可以从中获得有价值的信息，更能轻松学到一些读心术的方法和技巧。

··· 目录 ···

第七章　揭开谎言面具，找寻真相

反应识人，通过应激反应读心

一个人感到极度恐惧时的身体反应

第一章

    冻结行为的产生基于人类的自我保护意识，当一个人受到强烈的不利刺激无法对抗时，经常通过保持"冻结"来隐藏自己，从而保护自己。反过来说，我们也可以通过该类"冻结行为"，来判断一个人的心理状态。

    美国哥伦布中学和弗吉尼亚理工大学曾发生过两起严重的枪击案，有学生虽然距离凶手仅相隔几米，他们却神奇地躲过了一劫。他们逃过厄运的"技巧"有些雷同：要么吓得一动不动，要么吓得假死过去！

    的确如此，人们在面临极大威胁时，经常能够通过一种本能的行为逃过一劫，这种行为就是冻结行为。所谓冻结行为，就是人们在面对突如其来的刺激时，大脑和身体动作在瞬间出现短暂的静止的行为。

    冻结行为是动物的一种自我保护机制，是在长期的进化中形成的。动物要生存，既要捕食猎物，也要预防被猛兽袭击。因此，动物对运动的物体十分敏感，通过敏锐的听觉、视觉和嗅觉等感知未知的威胁。一遇到威胁，它们的神经系统会高度集中，消耗大量能量，使得身体各部的运动量减少为零。这种静止既避免了自己的进一步暴露，同时有利于动物考虑应对之策。

某地一农妇上山寻找自家丢失的羊，与一只狗熊不期而遇。高度紧张之下，农妇条件反射似的倒在地上屏住呼吸，从而捡回了一条性命。具体经过是这样的，农妇发现自家的羊少了一只后，便上山去找。她说："没想到就在这时，有个东西从我背后扑了过来，当发现是黑熊后，我立即趴在地上装死，黑熊扑过来在我的后背抓了几下，在我的脖子上咬了一口。我呆住了，连喘气都不敢，黑熊可能以为我死了，就离开了。"

当我们从相反的角度看待冻结行为时，不难得出这样一个结论：如果在面对某个场景或问题时，出现了瞬间的行为停滞，说明该场景或问题让人们感受到了威胁。

一般来说，人类的冻结行为表现在四个方面：一是面部表情，二是呼吸速度，三是手部行为，四是脚部行为。

面对外部刺激时，面部的行为要克制很多，掺杂了很多主观控制的表现，比如勉强或者惭愧地笑。但如果外部刺激的压力过大，冻结行为也会写在脸上，使被测试人失去矜持，具体表现为面部肌肉僵化、表情呆板、缺少变化。在这个过程中，即使是最灵活的眼睛，也会表现得呆滞无光。

呼吸的冻结行为是屏住呼吸或者降低呼吸的幅度和频率，

也就是俗话说的"大气都不敢喘"，这是经典的冻结行为之一。这种轻微呼吸的本质是隐藏，是为了不引起敌人的注意。同样的道理，在我们遭到负面压力，比如恐惧、忧虑等的时候，心理上也会希望通过隐藏的方式保护自己，减弱或者停止呼吸，试图减少对方对自己的关注。

在对局面没有控制感、缺乏安全感、担心出丑、不够自信等状态下，会出现手部的冻结行为。最典型的行为是把手交叉放在胸前，或者藏在兜里。一般人会认为这是紧张，而实质上这是为了避免不利刺激。好比某一天在你没有做任何准备的情况下，在会议上被领导点名当着台下数百人演讲，如果你很少经历这种场合，相信你在登台后的一段时间内不知该把手放在哪儿。

脚部中最常见的冻结行为是双腿并拢挺直，肌肉僵硬。在一个人接受讯问或被批评时，神经系统受到强烈的负面刺激，不会出现叉开双腿站立的情况，也不会出现其他非常随意的站姿，而是紧张地并拢站直，一动不动。坐姿中最常见的冻结行为，是把双腿交叉成一种不能乱动的状态，比如把双脚并拢在一起，或者紧紧贴在椅子腿上等。

一个人感到特别愤怒时的身体反应

　　识别他人的战斗行为，对于我们而言，具有重要的意义。只有这样，我们才能比对方快一步，及时作出反应。

　　一位警员在追捕一名凶犯，一番追逐后，二人在近郊的一处工厂门口对峙起来。这时，从工厂走出一名工人，凶犯快步向前，拿枪劫持了工人做人质，然后向警员喊话："给我准备一辆车，要不然就当场打死人质。"

　　这名警员一边口头应允着，一边密切观察疑犯的一举一动，期望找到漏洞，解救人质。可是，疑犯表现得相当专业，掩护工作做得滴水不漏。时间在一分一秒地过去，半个小时后，不可思议的事情发生了：人质突然咬了凶犯的手。疑犯大叫一声，双眼怒视人质。就听"砰"的一声，警员叩响了手枪，凶犯倒在血泊之中。

　　原来这名警员发现，凶犯正要开枪射死人质，如果自己不出手，人质性命堪忧。顶着巨大的心理压力，他开枪了，成功了。可是，在他回到调查局后，竟然遭受了自己人的调查，因为人质投诉：该警员不顾及自己的安危贸然开枪，严重侵害了自己的生命安全。

该警员是这样为自己辩解的："当时凶犯正要开枪，他的面部动作、他的眼神、他的肌肉跳动，无一不说明了这一点。"经过调查，大家发现该凶犯的确是一个视人命如草芥的恶徒，而且有过枪杀人质的先例。因此，该警员最终被判定无罪。

所有的战斗行为中，愤怒是其中的最强体现。引发愤怒和战斗的原因，无论多么具体，都可以归结为个人生存、安全、尊严等遭遇到了威胁和触犯。比如"同行是冤家"可以溯源到对生存的威胁，"冲冠一怒为红颜"则可以归结为对尊严的威胁。一旦出现战斗行为，除了伴随着愤怒这一强烈的情绪之外，还可以预见到"不会轻易放弃"的行为趋势，也就是一发不可收的。

幸运的是，愤怒情绪是很难掩饰的，这就给我们提早拉响了警报，避免进一步刺激对方。愤怒是所有情绪中释放能量最大的一种，释放的能量超过了痛哭和狂笑。因此，愤怒情绪一旦发芽，全身每一个肢体部分都会协调一致，甚至毛孔都会竖立起来，进入明显的战斗状态。这种能量的释放，会反映在呼吸与血液循环等每一个细节。人一旦产生愤怒，必然会增加呼吸的深度，试图吸入更多的氧气用于制造能量，用于释放，用于战斗。血液循环系统在愤怒情绪的指引下，会安排心脏加速用力收缩，提高血液循环的量和速度，同时血压升高，当事人自己会感受到有力的脉搏跳动。

具体来说，战斗行为从以下几个方面表现得比较明显：

※脸部的行为

战斗的欲望被愤怒情绪点燃，行为人会出现身体前驱的反应，头伸向前、下巴降低、眼神犀利、虹膜（黑眼球）向上翻看对手、双眉紧皱、眉梢上扬、上下眼睑绷紧、鼻孔张大、咀嚼肌绷紧、嘴唇向下弯曲、可能露齿，等等，向对方发出战斗的信息。

※脖子变粗

由于行为人颈部肌肉绷紧、呼吸急促（偶尔发出，"呼呼"声），兼之颈部两侧粗大的血管里流动着比正常水平多出的血液，血管暴涨，脖子会变粗，也就是常言说的"脸红脖子粗"。

※全身肌肉绷紧

具体表现为双拳紧握，同时无论是站姿还是坐姿，双腿肌肉都会呈现紧张状态，甚至会直打战。

※言简意赅，偶爆粗口

极度愤怒的人往往不会说话或者很少说话，通常嘴会很用力地闭起来。如果战斗开始，所说的话也会尽可能单一且无意义，或者爆些粗口。

需要注意的是，这些战斗行为有些是伪装的。有时，行为人制造发怒的假象是为自己争取利益，或者回避关键问题等。因此，不能单凭某个小动作就判定对方即将战斗，而是要综合行为人的多种行为作出判定。

一个人感到厌恶或受到威胁时的身体反应

当一个飞行物向你直扑而来，为了避免让自己受伤，你有三个选择：一是站在原地一动不动（冻结行为），二是用手挡回去（战斗行为），三是避开飞行物。

可是当你发现这个飞行物是一个重量级的铅球时，你觉得你静止不动无异于自杀；放手一搏吧，你的手又无力抵挡；最后，你只能选择见势不妙、拔腿就跑，逃离这个巨大的威胁。

这种躲避刺激物的逃离行为，是人们在感受到厌恶或恐惧的时候会产生的反应，具体表现就是，和刺激源拉开空间和心理距离。一般情况下，如果我们面对的刺激具有很强的威胁性，而自己又没有能力和信心消除隐患时，就会出现逃离行为。

远古时代的逃离就是逃跑，而现代社会的逃离，则多以比较隐晦的方式出现。出现逃离行为，我们就可以判断行为人内心对刺激源所持有的负面情绪，比如厌恶或恐惧等。

如果你回顾一下小时候的某些经历，你一定会发现自己曾有过一些"回避"的行为，这些行为的目的，是为了远离可能不利于你的人和事物的注意。从我们两岁左右可以和大人正常交流开始，家人总是会提醒我们，说"叔叔好"的时候，要一边对叔叔行注目礼……可是当你某一天觉得这个叔叔对你非常严厉，你一看到他就浑身发毛时，你在说出"叔叔好"三个字时，可能只转了下头，而躯体朝向一点儿没变，可能还会无意间加快步伐，拉开和叔叔的距离。

人随着年龄的增长，会逐渐认识到很多逃离行为是不礼貌的。于是，很多逃离行为逐渐从明显的距离变化，演变成了隐晦的角度变化。这样既能满足自己逃离刺激源的需求，也能在礼仪上说得过去，不至于让对方下不来台。比较典型的行为有以下几种：

在与别人交谈时，发现对方倾听你谈话的时候，把头转向一边，假装在观察一件有趣的事。稍后再转回来，听一小段，然后再转开。总之，转开的时间加起来比正面朝向你的时间还要长。换言之，对方的眼睛开小差了，逃离你的话语。

在多人参与沟通时，一个人躯干的朝向。身体的转动比较容易出现在多人对话的情境中，也有可能出现在路遇的交谈中。当一个人不喜欢对方所谈的内容（或者是不喜欢谈话人）时，可能会将身体转向另外一个人，或者调整走路方向，尽管脸上可能还保持着礼节性的微笑，但心里想的却是快点结束这段对话。

美国有位心理学家曾经在书中总结过："从头到脚，可信度逐渐增强。"头和身体都离中枢神经系统很近（大脑和脊髓），相对比较容易控制。而腿和脚距离中枢神经系统较远，控制起来难度相对较大。

在正常交流的情况下，无论头和躯干的姿态怎样，双脚脚尖一定是指向对方的身体正面，或者双腿延伸线形成的扇形区域，会把对方涵盖在中间。如果被测试人遇到足够大的外部威胁，那么更明显的逃离行为会出现在其腿和脚的姿态，以及小动作的变化上，这些小动作也更加本能，更加可信。而在受到刺激后，表现出来的站姿行为可能是转身（其实是脚尖转向逃离方向，引导着腿和躯干被迫跟着改变朝向），呈现出一腿向前、一腿向后的起跑状。

而在一个人坐着的时候，其逃离行为则表现为双腿并拢。自然地朝一方倾斜，除了用于表现自己有点儿矜持之外，还可能是为了有意逃离某个人，将他驱赶出自己普通交流的可接受范围。也有可能双脚的脚尖都接触地面，保持双腿肌肉适度紧张的状态，利于随时抬腿起身就走人。这两种行为，前者属于比较隐性的表现，后者属于相对比较明显的表现。

一个人感受到负面评价时的身体反应

　　安慰行为是指人受到负面刺激（批评、压力、否定等）后可能出现的反应。当人们受到使自己不自在的刺激后，大脑就会自动指令我们的身体出现平复紧张、恐惧、尴尬等情绪的小动作，同时，人的内心状态也就显现出来。安慰行为在说谎的时候，尤其常见且明显，因为说谎是迫于某种压力而产生的行为。如果对话的情境存在某种压力，那么安慰行为可以映射出此人当时的心理状态——忐忑不安。

　　安慰行为的类型有很多，几乎在全身每一个部位都得到体现。当一个人需要回应某些消极刺激物（比如一个棘手的问题，一段令人尴尬的遭遇，听到、看到或想到什么引发不安的事物等）时，他会触摸脸、头、颈、肩、手臂、手或腿，这些都属于安慰行为。这些行为并不能帮助我们解决问题，但能帮助我们暂时保持冷静。

　　安慰行为是多种多样的，有的明显，一眼就能看出来；有的比较隐晦，难以察觉。猛嚼口香糖、大口吸烟、舔嘴唇、手托下巴、手抚脸部、把玩身边的一些物品（钢笔、铅笔、唇膏或手表等）、梳理头发、一手紧抓另一手的臂膀或双手搓腿等，是比较常见的安慰行为。而某人轻轻弹衣服或校正领带的位置等，看起来可能像在打扮自己，实际上是在安慰自己紧张的情绪，这也是缓解压力的安慰行为。

具体来说，安慰行为可分为以下四种：

※颈部安慰行为

接触或抚摸颈部是最有效，也是使用最频繁的安慰行为之一。心理学家通过研究表明，男性的这类行为力度较大，就像"抓耳挠腮"一般，用手抓或扯衣衫盖住下巴以下的部位，刺激那里的神经组织，其好处在于降低心率，并达到让自己平静的效果。有时候，男性会用手指按摩脖子两侧或后侧，顺势调整领带打结处或衬衫领口的位置。

而女性的颈部安慰行为，则有很大不同。例如，有时女性的颈部安慰行为表现为抚摸、扭转或把玩项链。女性还有一种颈部安慰方式，就是用手覆盖她们的胸骨，也就是俗称的"美人骨"。很多女性在感到压抑、忐忑、恐惧、不适或焦虑，受到胁迫时就会用手抚摸或拉扯衣领覆盖这一部位。

※脸部安慰行为

脸部有很多神经末梢，这使它成为人们进行自我安慰的

"重灾区"。触摸或按抚脸部是缓解压力的常用方法，主要动作包括：揉搓前额、触摸嘴唇、用手指拉耳垂、抚摸脸颊、触摸胡须、把玩头发等。此外，有些人会通过鼓足腮帮吸气，然后再缓缓呼气，来达到自我安慰的目的。

※声音安慰行为

有一些人喜欢自言自语，目的也是为了缓解当时的压力；也有一些人会长吁短叹，发出"嘘""呼"的声响；还有一些触觉和听觉安慰的方法是可以同时使用的，如用铅笔敲桌子或用手指打节拍等。

※口舌安慰行为

除了吹口哨、吞咽唾沫、舔或者抿嘴唇等口舌部位的明显异动，过多的哈欠也是安慰行为，只是它非常隐晦。有时，我们会看到一些处于不适状态下的人不停地打哈欠，发出轻微的"哈"声。当我们感到不适时，常会觉得口干舌燥，而打哈欠可以将压力传递到唾液腺上，迫使唾液腺释放出水分缓解忧虑造成的口干。在这种情况下，人们打哈欠并不是因为没睡好，而是因为有压力，需要缓解。

安慰行为的产生基于人们寻求舒适感的心理需求，近乎于天然的条件反射。在不舒适和安慰行为之间存在着某种必然联系：不适产生安慰行为，反之，我们可以由一些安慰行为判定行为人心里不适的状态。

一个人感觉到优越或高高在上时的身体反应

在美国波士顿博物馆里收藏着一座名为《门考拉夫妇立像》的著名雕像，它由绿色粘板岩雕刻而成，高约142厘米，创作于约公元前2600年。

该雕像是埃及古王国第四王朝时期的一尊双人立像，也是埃及帝王立像中典型的代表作品。雕像的主角是埃及古王国第四王朝第五个法老门考拉和他的王妃。立像中，国王夫妇齐肩而立，左脚均向前迈出一步，但这种步伐只是象征性的，丝毫没有前进的意思；二人的重心落在各自双腿中间，给人以稳固安定的感觉。法老本人双臂垂直，双手握拳，表示他是埃及权力的所有者；王妃则左手弯曲放在法老的左臂上，右臂围绕在法老的腰间……

最引人注意的是，法老夫妇的头都微微向上仰起，显得端正而威严，在严肃的表情中似乎还带有一丝微笑。这些人物表情和姿态是古埃及帝王夫妇像的典型模式，体现了"王权神授"的威严，也生动地描摹出帝王的内心世界。

其实，不止是这座雕像中主人公头部向上仰起，大凡那些尊贵、强悍或伟大人物的雕塑、画像大都会出现这样一个姿势。这是一种高高在上的傲慢，傲慢到让所有人仰视自己、顺从自己，而自己却俯视、驱使着芸芸众生。

人们对自己的能力、地位等与他人比较判断后，会自然地在小动作中流露出自己所处的角色是主还是从，这些小动作就构成了主从行为。就像上述雕像中的法老夫妇，高高在上，主宰着埃及百姓。

认为自己是"主"的人经常显示出高傲的神态，比如挺胸、扬起下巴等。而认为自己处于从属地位的，则心生自卑感，整个人显得萎靡不振。尤其是当二者同时出现时，这种对比会更加明显。

在一次扫黑行动中，警察逮捕了纽约州涉嫌勒索、毒品交易、杀人等罪行的五名黑社会团伙的核心成员，其中包括团伙老大。在单独审问中，该团伙的每一成员口径保持惊人的一致，他们矢口否认了所有的指控，对自己团伙的老大也不肯透露。看来，这个团伙早就料到有这么一天，已经提前"串供"。

就目前的形势来看，如果能辨明该团伙老大，就能达到事半功倍之效。如此一来，警察就可以有重点地审讯团伙老大，从根上扳倒这个团伙。

于是，警察做了以下部署：让该团队的五名成员共处一室，并通过一面透明的玻璃观察室内的情景。这五名疑犯被带入同一个小房间，坐在一个小型圆桌上。他们彼此默不作声，也极力避免眼神交流。看来，他们的反侦察能力的确很强。

不过，在经过特训的警察看来，他们再怎么避免交流也是无济于事的。因为，下属和他们的老大坐在一起时，老大作为"主"，会流露出不一样的态度。有一个棕色头发的中年人进入了审讯专家的目光，只见他头部整体姿态成水平偏上仰，而且半睁半闭着眼睛，显示出一种极度的不屑。而其他成员则大都低着头，并且目光都避免投向他。

在经过进一步的审讯后，终于确认那名棕发中年人正是团伙老大，为侦破案件找到了切入口。

处于主导和从属地位的人的心态是不一样的，这种心态体现在双方相处的点点滴滴。办案人员正是利用了这一点，揪出了该犯罪团伙中的老大。

当一个人自认为是高高在上的"主"，不容触犯的时候，就会直接产生满意或骄傲的自我感觉，表现得趾高气扬，无法容忍指责、诘问、辱骂等。反之，一个自认从属于他人的人，则会处处显得卑微，其身体动作也和傲慢之人恰恰相反。

现在，当我们用旁观者的眼睛审视上司和下属相处的场景时，就不会为上司表现出的优越感，以及下属的卑躬屈膝而感到奇怪了，这都是主从行为在起作用。

一个人感觉到挫败时的身体反应

虽说"胜败乃兵家常事",可是当争斗双方在得知胜负的一刹那间,胜方和败者的行为是截然不同的。这可以从电视台体育频道中的如下画面中得到印证:拳台上,在裁判宣布胜出者时,赢的一方即使再疲劳,也会高高举起双手,甚至高高跳起,一副欢呼雀跃的样子;而他的对手则像斗败的公鸡,整个人都蔫了。

球场上,如果一位球员打入关键一球,经常出现各种庆祝动作,比如高举双手、跃起后撞胸。两个人一起庆祝的时候,还会互相举起对方一只手,或做出击掌庆祝的动作。而当比赛结束时,胜利一方的球队队员甚至会更加疯狂,而失利一方的球员则垂头丧气。

以上场景揭示了"胜负行为"这一概念:战斗结束之后,胜利者会产生喜悦、炫耀和放松等积极情绪,神经系统处于兴奋状态,身体表现出向上的行为;而失败者的神经系统进入压抑状态,就像一个泄了气的皮球,看上去萎靡不振,身体也不自然地向下并收缩。

具体来说,就是胜的一方就像打了一针强心剂,整个人充满激情,输的一方则好像丧失了所有的能量。胜利的一方在激情昂扬的时候,会不自觉地做出向上的行为,比如跳跃、高举双手的大肢体运动。当然,如果战斗的过程非常艰难,胜利的一方已经筋疲力尽了,也就不会有大幅度的庆祝动作。但只要还没累得倒地不起,脸上也是挂满真心的微笑,以及做出挺胸、上挑眉毛、嘴角上扬等小动作。相反,遭遇失利的一方则全身无力,身体向下"垮"掉,比如坐、蹲、摔倒、躺或者趴等大肢体运动,以及躯干弯曲、低头、眉毛和眼皮下垂等肢体表现。

不过,我们也可能会遇到那种心理状态极佳的胜利者和失利者。他们喜怒不形于色,赢了也不会兴奋得不知所措,输了也不会丢掉自己的平和风度。在他们身上,难道就不会体现出胜负行为吗?不是的!

在美国一档益智答题脱口秀节目中,主持人向在场的参赛选手出了一个猜测题目:"各位选手请听好,左边的是史密斯先生,右边的是格林先生。他们是一次行业最高荣誉评选中的热门候选人,实力相当。就在刚才,评选结果已经出来了,他们两人也得到了这个消息!请问,谁能告诉我,他们中是谁最后赢得了竞争?补充一句,他们中只有一个获胜者!"

台上的选手一个个将目光投向这二人,可是这二人气度非凡，都是一样地昂首挺胸，自信满满。场上的选手们在这二人身上找不到哪一个更像胜出者的证据，因此都拿不定主意。这时，一名选手提出一个请求，希望史密斯先生和格林先生面对面说几句话，然后他会告诉主持人正确的答案。

主持人接受了他的请求。当史密斯和格林两人对视一眼，相互说出一句"恭喜"，这让其他选手更加迷糊了：难道是两人都获奖了？可主持人说只有一个胜出者啊！

这时，那位提请求的选手给出了答案："史密斯先生赢得了这项荣誉！"主持人再三确定他坚持自己的答案后，大声宣布："恭喜你，答对了！可是，我很好奇，你是怎么猜出的？"

"我不是猜的，我是有根据的。在他们两人对视的一刹那，我发现格林先生的眼睛不自觉地眨了一下，而史密斯先生则神态自若。要知道，两个竞争对手中的失利者在面对胜利者时，总会有些不自然的！"这名选手这样回答，博得了场下观众的一片掌声。

面对面与战胜自己的人交流，失利者的内心不会是绝对平静的，一定会做出体现这种不平静的行为，这也是参赛选手能够分辨出谁胜出的窍门。其实，在生活中，每个人都可能做过与上述胜负行为相同或类似的动作。比如说，我们在完成一项高难度工作时（从广义上来说，这也算是一种胜利），经常会

站起身来，对着窗外长长地舒展身体，伸个懒腰，眼睛则盯着
远方或向上看着天空。即使一个人的内心再平静，多么不动声
色，面对胜负时也总会显露出一些迹象。

一个人失去安全感的身体反应

自然界中，大多数动物都会建立自己的领地，并留下各种记号用以标示。一旦有同类或相近的动物入侵，领主们就会发出声音警告甚至攻击入侵者，摆出一副"我的地盘我做主"的姿态。

许多蜥蜴喜欢展示自己的强壮肌肉，经常做大量的"俯卧撑"，摆动着头部，露出颈部颜色鲜艳的皮瓣。这种展示行为其实是对入侵者说："这是我的地盘，请离开！"

当两条接吻鱼相遇时，双方会不约而同地伸出长有许多锯齿的长嘴唇，用力地相互碰在一起，开始"接吻"，而且长时间不分开。不要误会，这种"热吻"其实并不是在"亲热"，它们是在为领地打斗呢。接吻鱼具有强烈的"领地"意识，经常通过长嘴唇相斗来解决"领地"争端，直到有一方退却让步，"接吻"才宣告结束。

其实，从远古时期开始，动物界的族群们就为了争取和维护自己的生存空间而相互争斗。对于踏入自己领地的"非我族类"的敌人，它们会毫不犹豫地采取驱逐策略。随着不断的进化，这种对领地的占有欲不但没有消失，反而变得越来越强烈，适用范围越来越广。"领地"可以是切实的空间，也可以是某种权利、荣誉、情感等抽象的东西。

这在人类身上体现得尤其明显。人们在自己的"领地"会表现出一种主导者的风范，在自己的地盘里表现得轻松、自在、威严，给人以一切尽在我掌握之中的感觉。如果有人敢于挑战他的领地范围，逼近他的安全距离，则会激起领地所有者强烈的警觉和反击。这就是所谓的领地行为。

人们经常通过一些小动作表示自己对领地的掌控，表明自己是一方土地的主宰。有些军人或警察习惯将双手叉腰，给人以威武、不可侵犯的感觉。

与双手叉腰相类似，人们在坐着时双手抱头的动作也是一种领地行为。具体就是，身体后倾于椅背，双手交叉于脑后。相信，每一个在自己办公室座位上的人都曾做出过这种姿势，表明自己是这儿的主导者。但是，如果老板走进了你的办公室，你一定会赶紧正襟端坐，因为老板才是最大的主宰者。

另外，双手向外伸出的长度和广度也与对领地的捍卫存在着某种联系。双手向外张开，长长地伸出，意味着：我很自信，我主导一切。很多政治人物在演讲时，通常会挥舞双手，给人以很强的感染力。在事关领土纠纷时，他们往往张开双臂，道出某某地是我们的。而一个玩得高兴、手舞足蹈的孩子看到一名严厉的老师后，会很自然地将双手收回，甚至拘谨地将它们交叉到胸前。而当两个人热烈地拥抱在一起的时候，就该这样解读：我的领地是你的，你的领地是我的，我们坦诚相待！

通过领地行为，我们可以通过观察一个人的姿态和动作判断出其内心是否具有安全感和轻松感。比如说，如果你不确定恋爱中一男一女之间的关系进展如何，不妨观察他们对近距离接触的行为。如果一方（通常是男方）要将手搭在女方肩上，而女方则将身子一扭，躲在一边，就好像是说"不要靠近我"，这意味两人的关系还不甚亲密。

第二章

言表心声，通过言谈话语读心

讲笑话的时候，你心里在想什么？

　　幽默是生活的调味剂，有幽默感的人大多都很受欢迎。幽默感是每个人都具有的，只是有不同的表达方式而已，并且受到时间、空间、环境等不同条件的限制或制约。当一个人的幽默感表现出来的时候，对方的动机或者个性也就表现出来了。

　　幽默可以说是聪明与智慧的体现，但是心理学家提醒我们，有些人的幽默里有时候也会藏着很多诡计，如果你不加以仔细分辨，就很有可能被一种表面的现象所迷惑，而使得自己"不识庐山真面目"。下面，我们就来看一下幽默里都藏着哪些不为人知的秘密。

※善于用幽默打破僵局的人

　　善于用幽默打破僵局的人，大多善于随机应变，适应能力较强，头脑反应较快，有着强烈的表现欲望。他们大多处理问题的能力很强，因自己出色的表现，极容易成为受众人关注的对象，这正好迎合了他们爱出风头的心理。他们希望通过自己的努力和表现，吸引别人的注意和得到别人的认可。

※善于运用自嘲式幽默的人

善于运用自嘲式幽默的人，多半心胸比较开阔，能够接纳并采取别人的意见和建议，而且能够时常反省自己，进行自我批评，寻找自身的错误并进行纠正。也正因如此，他们才能不断取得进步，并最终取得成功。而且，这样的人有着一般人没有的勇气，因为进行自我嘲讽本身就需要一定的勇气，不是一般人能够做到的。他们的这种气质，很容易让别人对他们产生一股钦佩之情，正因如此，他们都能够在朋友间保持良好的人际关系。

※善于用幽默的方式嘲笑、讽刺别人之人

这类人通常是比较自私的，他们从嘲笑、讽刺别人中寻找乐趣，从不顾及别人的感受，他们在乎的只有自己。他们做人的原则就是"宁可我负别人，不可别人负我"。一旦有谁伤害过他们，他们总是伺机报复。他们嫉妒心很强，任何事都想抢先一步，但是自身的能力又非常有限，因此，他们经常的做法就是，当别人取得成果的时候，他们会故意加以贬低和嘲讽。这类人几乎不会有真心朋友。

※喜欢搞恶作剧的人类

这类人大多热情大方、活泼开朗，生活得很轻松，即使有压力，自己也会想办法来减压。这类人在生活中表现得比较顽皮，爱和人开玩笑，并且在这个过程中可以进行自我愉悦。他们平常看起来大大咧咧，但是一旦认真起来，就会投入百分之百的精力去完成一件事。

打招呼的时候，你心里在想什么？

　　我们每个人都有属于自己打招呼的方式或习惯用语。有什么样的个性，往往就会使用什么样的习惯用语。打招呼在我们眼中是一件再平常不过的事情了，上班时与同事要打招呼，逛街时遇到熟人要打招呼，家里来了客人也要打招呼，宴会酒会上更要寒暄几句……不要忽略日常中的打招呼用语，因为从一个人的打招呼用语中能够判断出他的个性，这样就有利于我们更好地与对方交往。下面就为你简单地介绍怎样通过打招呼了解一个人。

※你好

　　这是与人见面时，最平常不过的习惯用语，习惯这种打招呼方式的人，往往大脑比较冷静，但是，反应有些迟钝。这类人大多能够把握自己的情感，不喜欢大惊小怪。他们对待工作勤勤恳恳、一丝不苟，深得同事和朋友的信赖，人缘很好。

※喂

与别人打招呼，以这样的方式开头的人，往往比较达观，他们快乐活泼、精力充沛、思维敏捷、富有幽默感，且直率坦白，能接受别人不同于自己的意见，从不固执己见。

※嗨

这类人多半比较腼腆，且多愁善感，多见于女性。他们做事通常小心翼翼，比较安于现状，由于怕自己出错，很少去创新，缺乏开拓精神。平时表现得少言寡语，只有跟自己的知心朋友或是家人在一起时，才表现得比较健谈。

※过来呀

喜欢以这种方式打招呼的人，往往比较直接，办事果断，喜欢冒险和创新，并能从失败中及时吸取教训。

※看到你很高兴

这种人性格开朗，他们为人热情、谦逊，喜欢和各种人交朋友，很容易融入一个新的团队中。无论做什么事，他们都不喜欢袖手旁观，而是积极地投入其中。但是，这样的人经常爱幻想，很容易被感情的事所牵绊而不知所措。

※有啥新鲜事

习惯用这样的用语打招呼的人，往往好奇心极强，凡事都喜欢问个究竟，甚至很喜欢打探别人的秘密，背后对别人议论纷纷，很容易招惹别人的反感。但是，这类人办事时，计划周密、有条不紊，而且很热衷于物质的追求，并对此不遗余力。

※你怎么样

这类人很喜欢出风头，希望引起别人的注意，对自己充满信心。他们在决定对某件事付出行动前，不会轻易做出决定，总是经过反复考虑。他们一旦做出决定，不会轻易改变，会全力以赴地去完成，有一种不达目的誓不罢休的精神。

回答问题的时候，你心里在想什么？

同一个问题，问不同的人就会有不同的答案，就算是同一种答案，从不同的人那里表达出来，方式也各不相同，有的甚至会大相径庭。从一个人回答问题的习惯中，也可以洞察出一个人的性格和品性。下面就为大家列举一个常见的例子，通过这件小事就能够获得一些有用的信息。

在生活中，我们每个人都有可能面对一种窘迫的处境，比如出门时碰巧忘记了戴手表，倒霉的是又忘记了带手机。在这种情况下，我们要想知道此时准确的时间，一个最有效且便捷的方法，就是向周围的人询问。这个时候，你从对方回答问题的习惯，就可以大致判断出这个人的性格。

※回答时间准确的人

当你询问别人时间，他能够很准确地回答你的人，一般是做事认真，实事求是，踏实肯干，性格内向，积极上进的人。这种类型的人，遇到逆境时一般都有极强的忍受力，且具有持之以恒的精神，做事较为认真。但这种类型的人，由于事业心太强，一般不愿意主动去接近别人，同时，还给人一种不易接近、待人不热情的感觉，也没有太广泛的兴趣爱好。

※回答大约时间的人

当别人询问自己时间时，有一类人不会告诉对方准确的时间，而会告诉对方大约的时间，但最多也不过相差几分钟而已。以这种方式回答别人询问的人，多半具有不拘谨的性格，他们性格温和，不计较个人得失，更不会嫉妒别人。但这种人事业心不强，难成大事，又不甘心去认真地完成一些小事，因此，他们多半会在平庸中度过一生。

※回答的时间误差极大的人

这种人通常做事马马虎虎，处世也不够机灵，属于典型的嘴尖皮厚腹中空的类型。此类人头脑反应不够机敏，看问题只能看到表面，无法透过表面看到事物的本质，但他们非常果断，处理事情也比较迅速，能够面对现实。

※故意夸大或缩小时间值的人

回答时，故意夸大或缩小时间值的人通常比较虚伪，他们往往表里不一，不能承担责任，不值得别人信任。

选择谈话场合时，你心里在想什么？

　　不知道你有没有细心观察过这样一种情况：在谈一些事情的时候，有人喜欢在办公室里谈，有人喜欢在饭店或茶艺馆里谈……为什么人们选择谈事情的场合会有差异呢？这就与当事人的处世方式息息相关了。

　　有些事真是奇妙，当我们没有去注意的时候，觉得它是再正常不过的事，但是，一旦当我们开始关注它们，便会觉得其中深藏着玄机。以人们选择谈话场所为例，若不仔细分析，会很自然地把这看作一种习惯，甚至就是就个方便而已。当你一旦接触了心理学就会发现，选择何种谈话场所是一个人性格的外在表现形式，也蕴涵着这个人的处世态度。

※相约在办公室里谈事情的人

　　通常情况下，办公室都比较安静，无需大费周章地安排就会呈现出工作的气氛。喜欢约在办公室谈事情的人往往十分敬业，对人、对事都十分有诚意。他们在谈事情时往往比较专注，不希望有人前去打扰和破坏了谈话的气氛。这种类型的人在工作中往往比较自信，工作起来也会十分投入。所以，办公室成了他们认为最安全、可靠的谈话场所。

※喜欢在饭店大厅里谈事情的人

在饭店的大厅里，不乏这样的情景：桌上早已放凉的两杯咖啡，沙发上是两个谈得起兴的男人，他们滔滔不绝、侃侃而谈，早已忘记了桌上的咖啡和大厅里的服务人员。这一切对于他们来说，似乎根本不存在。由于过于投入，他们早已忘记了自己的谈话内容是否应该保密。因此，这样的人多半比较大胆，不怕自己的隐私被人窃取。这样的人也比较自信，无论面对什么样的问题，他们都信心满怀。"车到山前必有路"是他们的座右铭，认为无论多大的事，只要自己去想办法，就都可以解决。这也正是他们智慧超众的最为直接的表现。

※喜欢在俱乐部或酒吧谈事情的人

这样的人大多比较张扬，沽名钓誉，做任何事都喜欢引起别人的注意。就好比在饭馆里点餐，明明再正常不过的菜，但为了证明自己很有钱，他们总是故意提高嗓门喊服务员来点餐，而且还愿意把自己的菜名大声地说出来。其实，他们这样往往适得其反，不但不能表现自己，反而给人一种很没有素质的感觉。因此，他们选择在俱乐部或是酒吧谈事情，为的就是满足自己虚荣的欲望，同时借此提高自己的身份和对外的影响。在他们看来，这很有利于自己目标的实现。

※喜欢在宽敞场所谈事情的人

这类人多半心胸开阔、乐观直爽，但性格中也有懦弱的一面。因为宽敞的场所，尽管宽敞，但是通常人很少，比如楼顶、阳台等。他们选择在这种场所聊天，一是比较安静，不会有人打扰；二是没有隔墙有耳的担忧，不必担心因此给自己带来不必要的麻烦。尽管如此，这类人大多仍旧志向远大、目光长远，能够居安思危，给人一种沉着、稳重的感觉，他们中以男士居多。同时，他们也很善于掩饰自己的真情实感，不会轻易就向别人敞开心扉，很难有人真正走进他们的灵魂，但是，一旦有人能够走进他们的内心深处，他们就会无比珍惜。

说话声音变化时，你心里在想什么?

心理学家对于语言的解读可谓到了谨小慎微的地步，就连语调、语速的变化都不放过。在日常的人际交往中，我们往往会有这样的感受——一个人说话的语音、语调、语速，基本上是保持不变的，但是当内心情绪发生了波动时，就会在语气、声调、语速等方面发生明显的改变。比如，一个心急如焚的人，语速也会随之加快；一个极度悲伤的人语音可能会颤抖、哽咽……

当然有时也不能仅仅依靠声音的变化就做出判断，我们要想读懂对方内心的想法，还要根据当时的情景以及场合，并且参考说话者的肢体语言以及说话内容，这样就可以把握对方真实的想法，获得社交中的主动权。

当一个人说话时，突然声音变大了，主要有以下三个原因。

※情绪非常激动

当一个人遇到高兴的事或者情绪激动（如气愤、愤怒等）

的时候，他的说话声音会情不自禁地提高一些。

※想说服对方

很多人都发现，大声说话是说服对方的很好"武器"，至少在气势上可以压倒对方。他只要把话说得够大声、够尖锐，就能给对方一种很自信的感觉，从而同意并接受他的观点。例如，在辩论赛的时候，参赛选手的说话声音都会比平时要高。所以，当一个人的说话声音突然提高，他可能是想说服你，让你接受他的观点。

※想支配或者命令对方

当一个人想支配或者控制对方的时候，说话的声音一般会提高一些。例如，经理可能会这样对下属说："我的话，你听到没有？"这时候的说话声音要明显比平时高。

一个人说话的时候声音突然变小了，主要有以下两个原因。

※心中不安

例如，某公司会议上，销售经理让各个业务员汇报本月的销售额时，那个众多业务员中销售量最差的一个，当轮到他汇报时，不由得会将声音降得很低。

当一个人心中不安、心情紧张的时候，会情不自禁地把声音放低。他希望对方听不到自己的话（当然，这是不可能的），以寻求心理上的安慰。

※缺乏自信

当一个人没有自信心的时候，他也会把说话声放低。例如，我们问一个人："这件事能做到吗？"如果他有信心，他会非常大声地回答；当他缺乏信心的时候，他就会把说话声压低。

一个人说话的语速突然变快时，主要有以下两个原因。

※掩饰内心的不安

很多人说话时语速突然变快，是为了掩饰内心的不安全感。例如，当一个人的谎言被揭穿时，他会对自己的谎言加以解释，这时候他说话的语速会越来越快，借以掩饰内心的不安。

※情绪激动

当一个人情绪激动的时候，例如，感到紧张、焦虑、兴奋、急躁、愤怒、恐惧时，他说话的语速也会加快。

一个人说话的语速突然放缓时，主要有以下两个原因。

※表达对他而言很重要的观点

当一个人说到对自己来说很重要的观点时，他一般会放慢语速，希望对方能够听清并且记住自己的话。例如，老师在讲课时讲到重点内容的时候，就会把说话的语速放慢。

※困惑、难过或者忧伤

当一个人困惑、难过或者忧伤的时候，他的心情就会变得沉重起来，说话的语速也会放缓下来。

声调不同的人，心里想的有什么不同？

古人曾经说过"言为心声"。语言是情感的流露，而说话语调的高低、快慢，都体现着一个人的性格特征以及情绪的波动。只要我们认真倾听，就可以听出弦外之音，从而知晓对方真实的想法。

于总是一家大公司的老板，是一个豪气十足的男人。但是他的"大账房"刘先生却是一个说话细声细气的男人，有时候你甚至听不清他在说什么。刘先生在于总手下干了二十多年，很多和他打过交道的人都向于总反映："天下的会计多了，你为什么非让老刘做你的'大账房'呢？有时候我们都听不清他在说什么。"每次听到别人这么说，于总就哈哈一笑说："说话声音小好啊，这说明老刘小心谨慎嘛。"

的确，一个人说话声音的高低，是和他的性格紧密相连的。我们还记得《红楼梦》中王熙凤是如何出场的吗？我们还没看见她的人，就已经听见了她的声音："我来迟了，不曾迎接远客！"这种豪放不羁的说话声调把她那泼辣的性格向他人展露无遗。在生活中，我们也完全可以通过一个人说话声音的大小，来判断他的性格特征。

※说话声音洪亮、底气十足的人

这类人大部分是外向型的人，他们非常自信，也非常善于人际交往。因为他们在言谈话语中很容易给人留下一种积极稳健的印象，所以很多人都成为单位的领导或者身居公司的管理层。美国前总统奥巴马就属于这类人，他那洪亮、充满磁性的声音很容易打动听众，让人们为之而倾倒。

※说话语气较轻柔的人

那些说话语气较轻的人，通常小心谨慎、口风密实，属于内向型的人。上文中的刘先生就是这种人，所以能够得到于总的信任。但是如果一个人说话有气无力，同时出现语调不平稳、话语不清的情况，则反映出他的胆小或者过度收敛。这种人一般比较悲观，境遇也不会太好。

※说话声音沉稳有力、语速适中的人

这种人通常有着极强的控制欲和领导欲，做事极具信心和勇气。此外，这种人的精力非常旺盛，他们愿意为自己的理想吃苦受累。但是他们的支配欲望非常强烈，很多时候，他们会把自己的想法强加于人。

※说话语调抑扬顿挫、节奏分明的人

这类人说话就如唱歌一样，给人一种美的享受。从某种程度上来说，他们是天生的演员，有着极强的表现欲望，并且喜欢孤芳自赏。另外，在和他们相处时，我们要多些心眼，因为这类人大多为人处世非常圆滑。

※说话缓慢、语气低沉的人

这类人通常疑心非常重，很难信任别人。在和别人谈话时，他们会一边考虑一边说，所以语速很慢，声音也非常低沉。另外，这类人通常比较执拗，有自高自大的倾向，和他们相处是一件很困难的事情。

※说话声音尖锐刺耳的人

这类人的性格通常和他们的说话声音一样，比较古怪复杂。此外，他们悟性通常非常差，很难把握自己的言行举止，所以也很难给大家留下好的印象。

※说话声音娇滴滴的人

如果说话的是女性，她们一般非常渴望得到众人的喜爱。但是她们往往心浮气躁，有时候还会因为刻意引起别人的注意而让大家觉得讨厌。如果男性发出这种声音，他们多半是在父母娇生惯养下长大的孩子。这类人的性格通常优柔寡断，缺乏自信和勇气。他们在独处时常常感到寂寞，但是在和异性相处的时候，他们又会感到紧张和不自在。

不同的口头禅，有什么不同的心思？

　　一位人类行为学专家曾说过："人类有两种表情，一种是脸上所呈现的表情，另一种是说话时传达给对方的信息。"可见，语言是人类的第二表情。而语库中提用率和重复率较高的口头禅，就是心灵的密码，它具有某种心理投射功能，在一定程度上揭示了说话者的内心世界。

　　口头禅是人们说话习惯的一部分，是说话人在生活中不自觉形成的一种特有的说话方式，带有很深的性格烙印。例如，"中国飞人"刘翔的口头禅是"对"，他经常用"对"来断句、过度，显示出内心的自信，以及对他人所抱有的善意和期望；再比如刘德华的口头禅是"不要啦"，用这种温柔的方式来否定，显示出他内心中有很多拒绝的声音，希望媒体和影迷能够网开一面，不要对他的私事过多纠缠。

　　※我知道、我明白、我理解
　　经常说这类口头禅的人大多非常聪明，往往能够举一反

三、闻一知十。他们的逻辑能力非常强，反应也很机敏，能够从说话人的言谈话语中领悟到对方的意图。不过这类人也有其固执的一面，有时候对自己很自信，无法听进别人的劝告。

※我要、我想、我不知道

经常说这类口头禅的人大多思想单纯，他们做事的时候喜欢意气用事，并且情绪不是很稳定，有时候让人有一种捉摸不透的感觉。

※可能是、也许会、大概是、差不多

经常说这类口头禅的人自我防范意识特别强，他们通常比较老练，懂得含蓄自卫，在待人接物的时候能够保持冷静，所以在人际关系方面处理得非常好。这类口头禅有一种以退为进的意味，很多政治人物都喜欢用这样的口头禅。

※这个、那个、啊、呀、哦、嗯

经常说这类口头禅的人可以分为两种：第一种思维反应较慢，他们在讲话时总是理不清思路，所以经常用停顿、缓和的语气词；另一种人则恰恰相反，这种人做事谨慎、城府较深，他们经常使用这类语气词是为了谨慎思考，以防自己说错话。

※说真的、老实说、的确、不骗你

经常说这类口头禅的人通常缺乏自信，他们总担心别人不信任自己，所以一再强调事情的真实性。这类人性格通常有些急躁，希望得到朋友的认可和信赖。不过他们越这样再三强调，越发让人觉得可疑。

※你应该、你必须

经常说这类口头禅的人，大多比较专制、固执，他们总想让别人完全受自己驱使，有着非常强烈的领导欲。

※好啊、是啊、对啊、有道理

经常说这类口头禅的人通常比较圆滑，甚至有些阴险。他们用这些口头禅表示出顺从的意思，让别人对他们毫无防范。等到对方信以为真，把掏心窝的话讲出来后，他们会抓住对方的弱点，以后用来对付对方。这类人通常看似很温顺，但是你若损害了他们的利益，他们马上会变换一张嘴脸，与你反目成仇。

※据说、听说、听人说、一般来讲

经常说这类口头禅的人通常比较圆滑，精于人情世故。他们在讲话的时候故意遮掩，处处给自己留有余地。

说话习惯不同的人，有什么不同的性格？

我们每个人都有属于自己的言谈习惯。据心理学家研究发现，一个人的言谈习惯和他的性格有着最直接的关系。所以，我们可以从一个人的言谈习惯去认识和了解这个人，有时候这比通过形象去认识一个人更可靠。

※长说错话的人心口不一

如果你身边有一个人朋友总是说错话，你就要注意了，因为这样的人很可能是那种心口不一的人。

古人曾经说过："言为心声。"一个人心中有什么，口中就有表达出来的欲望。但是那些表里不一的人自然不愿意说真话、说实话、说心里话，他们会把这些话隐藏在心里，禁止它们表达出来。但是越是禁止，表达的欲望就越是强烈，所以，他们很多时候都会说漏了嘴，把不想说的话说了出来。在这种情况下，尽管他们会以"不小心""不是真心的"为借口为自己开脱，但是我们千万不要轻易就相信他们。

※偏爱辩论的人实则懦弱

在生活中有这样一种人（以男人居多），他们喜欢抬杠，和别人谈着谈着就抬起杠来，并且有一副不把对方辩得哑口无言誓不罢休的架势。这种人虽然看上去气势汹汹、盛气凌人，其实内心是懦弱的。他们内心充满了孤寂和恐惧，为了掩饰这样的情绪，他们千方百计找人辩论，以显示自己的强大。而真正强大的人不会只表现在口头上，更表现在行动上。

※说话时不停点头或者摇头的人难成大事

在生活中有这样一类人，你无论说什么，他都会不停地点头，一副唯唯诺诺的样子。这样的人很难做出一番大事来，因为他们很少有自己的观点，总是被动地接受别人的想法；就算他们有了自己的观点，也不敢去否定对方，尽管非常不情愿，最后还会按照别人所说的去做。这种总是活在别人影子下的人，自然很难做成大事。

还有一种人恰恰相反，他们心高气傲、自视甚高，只要对方一说话他就不停地摇头，对任何人都不尊重。这样的人也很难做成大事，因为他们听不进别人的话，人际关系也非常差。当他们遇到挫折的时候，他们很容易一蹶不振，被消极和悲观的情绪笼罩。

※边说话边打手势的人说服力强

有些人在说话时会情不自禁地做出一些手势，如摆手、拍打掌心等，好像是在强调说话内容的重要性。这样的人大多是外向型的人，自信心强，行事果断，在讲话时很容易煽动人心，让大家去信服他。正因为这样，他们具有很强的领导能力。

第三章

装扮察人，通过外表打扮读心

通过服装外貌读心的方法

一位礼仪培训师曾经说过："一个正面的、积极的外表形象，可以向外界传达出一种积极向上的信息。"一个真正健康的、懂得生活的人，会非常注意保持良好的仪容仪表。良好的印象是与人交往的第一步，而把自己打扮得漂亮整洁，更能以良好的形象引起别人的注意。

服饰也可以折射出一个人的思想及品位。人们选择的服饰不同，向外界传达的信息也不尽相同。穿着漂亮套装服饰的人，往往非常注重自己的外表，而且常有很深的城府，希望通过自己的着装，给人留下美好的印象；穿着时尚个性服饰的人，他们的性格也会比较有个性，一般他们不会在乎他人的眼光和观点；喜欢穿着可爱洋装服饰的人，往往给人耳目一新的感觉；喜欢穿着花里胡哨服饰的人，选择这类服饰的人主要是年轻人颇多，他们虚荣心非常强，爱表现和炫耀自己；喜欢穿着同一款服饰的人，这种人性格比较直率，在与人交往的过程中，个性比较鲜明，往往有自己的观点和主见，做事情果断、利落。

在人们选择穿着服饰的时候，场合是必要要注意的。根据不同的场合来选择合适的服饰出席，可以体现你对对方的尊重。

在英国威廉王子和凯特的婚礼上，出席婚礼的人们都穿着英国上层人士比较绅士和端庄的服饰出现在公众面前，为王子夫妇送上了真挚的祝福。如果说出席婚礼的人都是穿着商业晚宴的服饰出席威廉王子和凯特的婚礼，那么就显示了他们对英国王室的不尊重，也是一种失礼的表现。

医生之所以穿着白大褂给病人看病，是因为这样的打扮能够让病人遵从他们的意见和指导；法官之所以穿着法袍上庭，是因为这样就能显现出法官强大的威严和权威。可见，一个穿着不俗服饰的人，比穿着一般服饰的人对周围人的影响力更大。

请看这样一个故事：

美国独立战争期间，富兰克林出使法国，试图说服当时的法国国王充当美国的盟友，然而这不是一件轻而易举的事，当时的美国只是一个民主国家的雏形，但是当时美国的敌对国——英国却很强大，法国并不愿意碰英国这颗钉子。

就在富兰克林一筹莫展之时，一天他在街上发现法国人都是统一的造型——戴假发、打粉底、穿特色民族服饰。富兰克林回到住处后，为了这个发现，他非常兴奋。手底下的人并不知道富兰克林为何会做出如此的反应，甚至有些不知所措。但是，第二天，大家更是让富兰克林震住了，富兰克林把自己从头到脚包装成法国人的打扮，并且还在院子里坐上法国式的马车，像巡游一样向大家展示。就在大家不明所以的时候，富兰克林说："我们现在身处法国，就要和法国人的打扮保持一致，这样法国国王与臣民才认为我们是尊重他们的，是真诚地想与他们做朋友。"

富兰克林为了国家的利益，真是费劲了周折，他的行为让大家很受感动。于是，富兰克林带领手下众人，大家都穿着法国的服饰去见了法国国王，国王很是高兴，认为富兰克林非常尊重法国及法国文化，也就答应了富兰克林的请求，美国最终摆脱了英国的殖民统治。

在职场中，过于休闲的服饰可以毁了一个人的信誉。作为职场人士，每天都应该穿西服打领带，整洁地出现在众人面前。如此严格的着装要求的目的是增强一个人的专业感和和谐感。你说的话在领导的眼里有多大的可信度，很大程度上与你的衣着服饰打扮有关系。衣着服饰打扮不得体的人，即使说出非常重要的信息，在领导的眼里也显得可信度不高。

可见，服饰能够迅速给人以某种强烈的身份感。这也正是为什么世界上有那么多人为了某些特别的场合而制作的衣服，比如学生的毕业礼服、新人穿的婚纱、军人穿的军装、演员穿的演出服……服饰可以帮助一个人尽快进入状态，融入某些特定情景，更好地去完成工作。

通过鞋子选择读心的方法

　　我们一般观察一个人，首先要观察他的容貌，然后再观察这个人的衣着服饰。但是我们很少观察一个人的鞋子，因为它紧挨着地面，我们要观察它就要低下头，非常费事。而心理专家们却说，要看出一个人的秉性和品位，首先要看他的鞋子。可见，鞋子已经不再是纯粹用来保护足部，而且更能诉说出一个人的性格与心思。

　　下面先从男性穿鞋的喜好，来加以分析：

※穿运动鞋的男人

　　喜欢穿运动鞋的男人，这类男人大多积极乐观，为人亲切自然。他们喜欢自由，不愿意和那些心机很重的人相处。

※穿正统黑皮鞋的男人

　　喜欢穿正统黑皮鞋的男人，这类男人通常非常传统，他们有充实的家庭生活，对待朋友也非常友好。此外，他们坚持自己的原则，很少为别人而改变。如果这个类男人在休假或者约会的时候仍然穿正统的黑皮鞋，他很可能具有大男子主义倾向，即使他非常爱一个女人，也不会因她而改变自己的原则。不过这类人非常看重自己母亲的意见，也许唯一能够改变他的人就是他的母亲。

※穿休闲鞋的男人

喜欢穿休闲鞋的男人，这类男人诙谐幽默、态度温和，并且非常注重休闲生活，是那种很有品味的男人。他们主观意识非常强，对自己有着非常高的要求，对待异性更可以用"挑剔"两个字来形容。此外，他们无论做什么事情都喜欢掌握主动权，并且常常会有先入为主的想法，所以和他们交往的第一印象非常重要。

※穿短靴的男人

喜欢穿短靴的男人，这类男人感情脆弱，缺乏自信。他们把"得失"看得非常重，有时候虽然会做出叛逆的事情或者表现出不屑的态度，但是内心并不是这样想的。他们很有安全意识，懂得把自己很好地隐藏起来。

接下来，我们再从女性穿鞋的喜好，来加以分析：

※穿高跟鞋的女人

喜欢穿高跟鞋的女人，这类女人通常成熟大方、头脑聪明。在和别人交往时，这类女人比较坦诚，通常不会故意刁难别人。在对待生活和工作方面，她们对别人和对自己的要求都非常高，并且会全力以赴地投入。但是她们想要的东西太多，所以偶尔会因为没有满足而情绪欠佳。

※穿靴子的女人

喜欢穿靴子的女人，这类女人个性独立，喜欢自由，不愿意受到约束。一般来说，这类女人不是聪明有能力，就是相貌出众，所以，她们勇于表现自己，也容易成为男士追求的对象。不过，这类女人看起来虽然很容易亲近，但是男士若真想赢得她们的芳心，必须具有真才实学才行。

※穿休闲鞋的女人

喜欢穿休闲鞋的女人，这类女人警觉性强，很懂得保护自己，一般人很难看透她们的心思。这类女人的外表让人感觉非常坚强，但是内心却是非常脆弱的。在恋爱方面，她们很容易和男性打成一片，但是对于自己真正喜欢的那一个，反而会敬而远之，保持一定的距离。

※穿凉鞋的女人

喜欢穿凉鞋的女人，这类女人通常非常自信，喜欢把自己最美好的一面展现出来。她们人缘儿一般不错，有很多的朋友。不过她们有些固执，总是希望别人和她想的一样，并且常常把别人的建议当作耳旁风。此外，她们在恋爱方面会对男朋友要求很高，要想成为她们的男朋友，不但要有耐心，更要细心。

另外，专家们还告诉我们在穿鞋的时候，一定要注意以下几点：

1.一定要保证把鞋子擦得干干净净，修饰得整整齐齐。因为一双脏兮兮的鞋子是一个人粗鲁无礼的象征。

2.一定不要穿露脚趾头的鞋子，更不要光着脚穿鞋。在这一点上，无需多加赘述，露脚趾头的鞋子、凉鞋、拖鞋都是不正式、不专业的象征。

3.鞋子的高度要适合。

通过化妆不同读心的方法

　　化妆，对一个女人的整体形象起着非常重要的衬托作用。化妆恰到好处的女人，总是能给人留下完美的第一印象。如果一个女人连外表都懒得修饰干净的话，一定说明她的情绪沮丧或者心不在焉，因为她把精力放在了其他地方。所以，心理专家们总结道：化妆不仅可以增加女人们的美感，更能从一个侧面反映出一个女人的精神状态和她的真实性格。

　　女人如花，四季如春。女人一年四季都可以用自己独特的魅力，与四季的风情相结合，更能体现出女人的无限风情。在春天里，可以用美妆来打扮自己，绿叶发芽的时节，将春天点缀得更有情趣和生机；女人在炎炎夏日，可以将自己打扮得如花似蝶，飘逸而又浪漫。撑一把漂亮的花阳伞，梳一款时尚的发型，走在美女如云的大街上，同样可以引来男士们欣赏的目光；在落叶飘飘的秋天，可以毫无顾忌、随心所欲地给自己化妆，进而伴着枫叶的火红，丰收的金黄，用成熟的时装点缀秋色的浓意，雅致而又风韵；在白雪皑皑的隆冬季节，用浓艳的色彩装扮一下自然界的单调，依然可以尽显自己的妩媚、风韵。

心理专家们通过从女人对化妆的态度和方式中，解读出了她们如下的性格特征：

※喜欢化淡妆的女人

这样的女人心理是成熟的，在思想、感情、行动、经济上都具有较强的独立性，很少对别人产生依赖感。在生活中，她们凡事都喜欢亲力亲为，从不依赖别人，即便遇到棘手的事情，她们也会先稳住自己，不使自己惊慌失措，在理出事情的头绪之后，就会按部就班地将其解决掉。其实，这主要是因为这样的女人善于思考、处事干练，能够独当一面。生活中的所有事情对她们来说都不是问题，也能够驾驭好自己的人生。

这样的女人目光是深邃的，常常会给人一种冷漠的感觉。不仅如此，她们还能够对自己，以及周围的一些事物作出较为客观的评价。虽然她们依旧拥有赋予自己理想的权利，但是她们绝不会沉湎于不切实际的幻想和奢望之中。所以说，这样的成熟女人都是理性的。其原因是她们的自我控制能力比较强。这样的女人通常被称为"气质女人"，这样的女人内涵重于外表。

※喜欢化浓妆的女人

这样的女人往往性格外向开朗、心地善良，乐于助人，很容易相处。她们有敏锐的洞察力,谁对自己有敌意,能马上感觉出来,并且会毫不留情地回应对方的敌意。而对那些对自己示好的人,她们也能热情地招待对方。

这样的女人有很强的好胜心和领导欲望,但是有时候会因为自己太强势而让周围的人感到压抑。这样的女人通常口才极佳,往往会成为会议的主导者。同时,她们也很自信,不喜欢别人轻易反对自己提出来的观点。这样的女人性格是多变的,角色也是多元化的。在家庭生活中转换着婚内、婚外、婚前、婚后的不同角色,这样的女人能巧妙地把扮演的所有的角色的优点聚集于一身,很受人们的欢迎。或许这样的女人是因为成熟的缘故,她们不仅懂得了爱是什么,而且对爱还有了更深层次的理解。这样的女人懂得在情韵上把握男人的脉搏,从而走进男人的心里,同时也懂得怎样去把握随时都有可能发生变化的命运。

※不喜欢化妆的女人

在日常生活中,总是不乏一些喜欢素面朝天的女人。她们多半不太看重外在的表象,而是更加注重内在的修养,经常给人一种朴实无华之感。但是,这样的女人,往往没有姣好的容貌,她们更喜欢通过提高自身内在的修养,来提高自我价值。对待事物,她们坚持自己独到的见解,很多时候,会给人一种恃才傲物的感觉。

另外，心理专家们还告诉女人们在化妆的时候，一定要注意以下几点：

1.女人的指甲长度要适中。"又长又尖"的指甲在工作场合中是坚决不能被允许的。如果你想成功地找到一份好工作，或者是在他人心目中树立一个人良好形象的话，就一定要杜绝"又长又尖"的指甲。

2.化妆的目的是使自己看起来更加优雅得体，而不是为了化妆而化妆。

3.切忌在公众场合化妆，这是一种极度缺乏社会涵养的行为。

通过领带佩戴读心的方法

西服，自诞生之日起就成为男人们服饰中的佼佼者，而且这个地位一直到今天也没有动摇。但是西服有一件辅助饰物却让男人们大伤脑筋，那就是领带。专家们经过多年的研究和实际工作经验总结认为，领带的作用类似于女士们的丝巾，但男人们的行事原则和人品秉性，却可以完完全全地通过领带展现出来。

※领带结又小又紧的示意

如果是身材瘦小的男人打的领带结又小又紧，则说明他们是有意凭借小而紧的领带结，让自己在他人匆忙的一瞥中显得高大一些。如果身材高大威武的男人们打成的领带结又小又紧，则暗示别人最好别惹他们，是气量狭小的表现。

※领带结不大不小的示意

先不考虑领带的色彩和样式，也不考虑他们的长相和体行如何，男人配上这种领带结，大都会容光焕发，精神抖擞。这类的男人通常会把大部分的时间放到工作当中，且安分守己，勤奋上进。

※领带结既大又松的示意

领带能使男人显得更加温文尔雅，但打这种领带结的男人所展现的风度翩翩绝不是矫揉造作，而是货真价实，是他们丰富的感情所展现出来的风采。他们不喜欢拘束，喜欢积极拓展自己的空间，喜欢主动与他人交往，有高超的交际艺术，在社交场合中深得女人的欢心和青睐。

心理专家们在研究领带所传达出来的非言语信息的时候，还有一个非常有趣的发现：如果身为男性的你，想弄清楚到底哪位女性对你感兴趣，那么你不妨在参加朋友聚会的时候，穿上一套熨烫平整的西服，然后系上领带。不过，请你记好了，接下来的小动作可是行动能否成功的关键：你应该使领带略微偏向一侧，同时在一侧的肩膀上留下少量的小绒毛。接下来，你需要做的就是等待。假如女性圈中有谁对你感兴趣，那么，她一定会忍不住走过来，帮你拂去肩膀上的绒毛，同时将你的领带扶正，从而让你看上去更加整洁帅气。

通过手表类型读心的方法

如今，手表不再是人们的奢侈品，很大程度上，成为人们的一种装饰。但不管手表多么普遍，心理学研究专家杨旭认为，仍然可以通过手表看出一个人对时间的看法，而一个人对时间的看法，又恰恰是他性格的一种表露方式。因此，从一个人佩戴手表的款式上，就可以了解这个人大概是什么样的性格。

※喜欢戴电子表的人

喜欢戴这一类型手表的人，大多是有些与众不同的。他们独立意识非常强，从来不希望受到他人的控制和约束。他们善于掩饰自己真实的情感，所以在别人看来，他们是特别神秘的，而他们自己也非常喜欢这种神秘感。

※喜欢戴闹钟型手表的人

这类人大多对自己的要求特别严格，总是把神经绷得紧紧的，一刻也不放松。这类人虽然算不上传统和保守，但是他们习惯于按一定的规律和规矩办事，他们在争取成功的过程中，任何一件事都是以相当直接而又有计划的方式完成的。这类人非常有责任心，有时候会在这方面刻意地培养和锻炼自己。除此之外，他们还有一定的组织和领导才能。

※喜欢戴古典金表的人

这类人多具有发展的眼光和长远的打算，他们绝不会为了眼前的利益而放弃一些更有发展前景的事业。这类人思维缜密，头脑灵活，往往有很好的预见力。这类人的思想境界比较高，而且非常成熟，凡事看得清楚透彻。这类人有宽容心和忍耐力，又很重义气，能够与家人、朋友同甘共苦。

※喜欢戴怀表的人

这类人大多对时间有很好的控制力，虽然他们每天的生活忙忙碌碌，但不是时间的奴隶，懂得如何在有限的时间里让自己放松并且找到快乐。这类人善于把握和控制自己，适应能力非常强，能够很好地调整自己的心态。这类人大多有比较强的怀旧心理，乐于收集一些过去的东西。这类人往往言谈举止高雅，有一定的文化修养。

※喜欢戴没有数字表的人

这类人抽象化的理念较为强烈，擅长观念的表达，而不希望什么事情都说得十分明白。他们这类人很在意对一个人智力的锻炼和考验，认为把一切都说得太明白就没有任何意义了。这类人很喜欢玩智力游戏，而且他们本身就是相当聪明和有智慧的。

通过抽烟姿势读心的方法

从一个人吸烟的方式可以了解很多东西，包括他们是谁、有什么感觉以及希望别人怎么看待自己。吸烟的行为充满了关于吸烟者本人，关于他们对吸烟的态度以及与他人关系的肢体语言。学着破解这些肢体语言，我们便能够识别出，吸烟者关于自己都说了些什么（即使吸烟者自己也没有意识到这些）：他们来自哪里、他们的性格、他们的心理状态，他们试图达到的目的。如果你是吸烟者，掌握有关这些肢体语言的知识，可以帮助你了解，自己发送了哪种信息，你吸烟的方式可能把你哪方面的信息传达给别人。

抽烟方式示意

抽烟不仅成为人们排解郁闷、缓解压力的手段，更是人们在人际交往中和他人搭讪、客套的方式。同时也可以反映一个人的性格特征。研究人员通过多年的观察与研究，对以下几种抽烟方式给予了分析与点评。

※夹在食指和中指指尖

这是最常见的一种夹烟方式。这类人通常性情平静、踏实，对待别人比较亲近自然。不过这类人缺乏决断能力和意志力，容易随波逐流。

※夹在中指和食指的指缝里

这类人自我意识非常强烈，是一个行动主义者。这类人不善于调节各种人际关系，因此常常遭到别人的误解和反感。

※用拇指、食指、中指拿烟

这类人通常头脑聪明，做事比较干练。这类人给人的感觉是性情上较冷一些。此外，这类人通常骄傲、自我，容易让人产生不快。

※把烟叼在嘴的右端

这类人通常思维敏捷、行事果断。这类人在出手的时候非常大胆，常常让人感觉出其不意。

※把烟叼在嘴的左端

这类人通常比较有城府，做事的时候非常有计划性。在做一件事之前，这类人会详细地考虑各种问题。

※把烟叼在嘴的中央向上衔着

这类人通常比较爱慕虚荣，即使看起来非常踏实，但是也难免去做一些超出自己能力范围的事情，并且会自食苦果。

※把烟叼在嘴的中央向下衔着

这类人比较理性，是非常踏实的人。这类人做事不会强人所难，并且会有步骤、有计划地去完成自己的任务。

男人与女人抽烟的差别

一般来说，女人抽烟量会比男人的量更大些，而且抽烟的姿势也不同。男人抽烟的姿势，一般是手腕保持僵直，用手指捏着烟头，自己的身体前方始终处于手臂的庇护中。而女人抽烟的姿势相对带有社交意味，高举香烟，手腕后弯，前胸向外敞开。

吐烟圈判断他人的决定

肢体语言研究专家玛丽认为，一个人抽烟时往上吐烟圈还是往下吐烟圈，能够揭示出这个人的心态，即对自己所处的环境抱有积极的态度，还是消极的态度。一般情况下，向上吐烟圈时，大多表示他对所见所闻非常感兴趣；而向下吐烟圈时，则反映出他对所见所闻感到讨厌或者厌烦。

通过戴取眼镜读心的方法

　　现在，近视的人越来越多，戴眼镜的人也很普遍。而在人与人的沟通中，戴眼镜的动作也逐渐成为一个比较重要的肢体语言，从中可以发现一些重要的沟通信息。心理专家们认为眼镜除了具有矫正视力、过滤阳光、遮挡风沙等功能以外，也能通过它窥视对方心理的变化。

解读眼镜

　　眼镜最初的价值是为了矫正视力，或为了保护眼睛，而今天它早已超出了其原本的使用概念，成了具有多种功能且很有装饰意义的大众用品。从装饰的作用来说，据调查发现，镜框的材质越厚重，给别人诚恳、有教养的印象会越鲜明。所以，在社交场合尤其是教育领域，我们会发现，职位较高的人会佩戴镜框材质较为厚重的眼镜。如果你要向对方传达你是一个性格很开朗、很时尚、很时髦等信息，最好佩戴无框或者细框眼镜。

咬眼镜的示意

咬眼镜的动作从本质上来说，是人们企图重新体验婴儿时期含住乳头的那种感觉，即一种渴望安全的姿势。但是，咬眼镜的后续姿势，却能够反映出人们内心的意图。

戴眼镜的人在讲话的时候，不少人都有将眼镜反复戴上、摘下把玩儿的习惯，有人甚至还有将一只眼镜腿放在嘴边或嘴里的习惯。事实证明，这是一种下意识行为。将眼镜腿放在嘴边基本上是一种消除疑虑、慎重思考或拖延讲话时间的一种肢体语言。那些不戴眼镜的人还会用钢笔、手指、香烟等类的东西取而代之。在平时做练习或考试时，特别是在遇到难题时，不难发现学生们经常会把手指或笔放在嘴边、嘴里，或用手指擦鼻子，或用手指抵着下巴。

从眼睛上方窥视

戴远视镜的人的另一种行为就是"镜口窥人"。对于这一行为人们并不陌生，这是许多老年戴眼镜者的一种习惯动作。这种动作的目的虽然是为了避免将眼镜戴上摘下的麻烦。但是，对于被窥者来说，常会产生一种被打量、被评价的感觉。

专家认为，"镜口窥人"容易使对方产生一种不平等的感觉，其效果犹如门缝看人。因此，许多戴远视镜上课的老师们，应尽可能地减少此类情况的发生，避免学生的误会。

把眼镜架到头上的示意

专家们告诉我们，如果你在和别人交谈时，你带着太阳镜，给对方会留下你很神秘、可疑的感觉，从而会使人对你产生不利的怀疑、猜忌等心理，而你要是把太阳镜架到头上，那么给人的印象就不一样了，这种造型犹如为你增添了两只瞳孔巨大的眼睛的方法，会让你显得更为随和、年轻、"酷"。

第四章

洞悉职场，通过职场微行为读心

简单的点头意味着什么？

月末的最后一天，人事部王经理拿着一沓文件走进了总经理的办公室。他一边走，一边翻阅着文件，丝毫没有注意到总经理正在收拾抽屉，正打算离开。

"李总，请问你现在有时间吗？我刚整理完报表，现在想向你汇报一下这个月公司的基本状况。"王经理走进办公室便直言不讳地说道。总经理坐直了身体，点了点头说："嗯，好的，你说吧！"

"这月公司的情况很不好。行政文员小丽辞职了，人手不够，有一部分报表还没整理好。我认为我们应该尽快招一个文员来接替小丽的工作。"

总经理低头想了一下，便伸手接过王经理递过来的报表，认真看了起来。在总经理埋头看报表时，王经理仍然喋喋不休地说道："公司的打卡机不太好用，我想换一个指纹识别的。"

总经理的眼睛一直看着报表，头却频繁地点了好几下。王经理看到总经理频繁点头正暗自庆幸时，总经理却将报表递给了他，用略带气愤的语气说："报表完全整理好后，再给我看。其他的事等下个月再说吧。"说完，就走出了办公室。王经理愣在了办公室，有些摸不着头脑。

很快，一个月的时间过去了，公司招聘文员与买指纹打卡机的事，总经理再也没有提起过，却时不时地指责人事部的工作完成得不够好。这让王经理郁闷不已。

大家都知道点头是表示肯定。可是，点头会不会因为不同情景、场合或者不同次数而表示不同的意思呢？

其实，点头在不同的情境中代表着不同的含义，点头的次数不同，含义也不同。在职场中，很多年轻人都遇到过这样的情况：上司明明点头答应做的事情，却始终不曾实现。这是为什么呢？难道真的是上司出尔反尔、言行不一吗？

从上面的故事中，我们发现其实不是上司出尔反尔，而是人事部王经理并没有读懂上司"微反应"背后的秘密。仔细阅读故事，我们发现故事中有三处着重描写总经理点头的动作，他第一次点头，自然是表示赞同、允许，但第二次点头，很显然是在敷衍王经理，但王经理并没有意识到，依然喋喋不休地说。当王经理再次提出自己的要求时，总经理已经听得很不耐烦了。因此，才出现了频繁点头的动作，但王经理并不解其意。在他暗自庆幸时，总经理已经忍无可忍，生气地将报表递给他，独自走出了办公室，留下一脸愕然的王经理愣在了那里。

王经理的失败之处，在于他没有读懂上司"微反应"背后的秘密，没有弄清楚总经理频繁点头的真正含义。因此，从上面的故事中，我们得出一个结论：在职场中，想要获得晋升，除了要出色地完成工作以外，还要懂一点读心术，解读上司"微反应"背后的秘密，真正地了解上司的心理状态后再作定论。

那么如何解读上司"微反应"背后的秘密呢？这就需要我们培养敏锐的嗅觉了。

我们在征求上司的意见时，如果想知道对方是不是真的同意，比如故事中的王经理问李总打卡机是否要换时，一定不要把注意力只放在李总说了什么上面，还要仔细观察他回答时，此时此刻头部自然流露出来的动作与他的回答是否一致。

如果一个人的同意、接受、答应是发自内心的，所持的态度是肯定的，这时伴有微微的点头动作，那么这时就能对他的回答抱以信任。相反，如果他口头上答应了你，但没有点头，只是微微低头，甚至有摇头的迹象，那么他答应你就是口是心非了。因为他的肢体语言已经暴露了他的内心世界，如果你仔细观察就不难发现其中的奥妙了。

不过，值得注意的是，在不同的情景中，点头的不同次数便表达了不同的含义，下面我们一起来看看。

※点一下头表示肯定

曾经，有一位行为心理学专家针对先天性的盲、聋、哑人进行研究，发现他们也用点头表示肯定。因此，得出一个"点头天生论"。这个观点在世界各地都适用，点头都表示"是"，即肯定的态度。当然，也有个别人例外。比如，有些人在强迫被答应的情况下，不得不点头，这里的点头就不是代表同意的意思了。

※频繁点头表示不耐烦

行为心理学经过研究发现，如果在两个人的谈话中，如果一个人点头过于频繁，比如对于对方说的一句话、阐述的一个观点，像故事中的总经理那样，频繁地点头，超过三次，那么很可能就不再意味着他同意或赞成这个人的观点，而是表现出他的不耐烦与否定的意味，很可能是在敷衍对方而已。

※点头的动作与谈话的情景不符，说明对方没有认真听你说话

比如，一位下属在向上司汇报工作时，领导眼睛看着电脑。等下属汇报完毕后，领导没有给予任何回复。过了好一会儿，他才点了点头，并说"好"。像这种情况，领导根本没有认真、专心地听下属说话。所以，你必须认真观察上司的动作。

眉毛的微小变化反应着什么？

一天，财务部经理小吴拿着一叠厚厚的文件去向总经理汇报这一个月的工作。他走进办公室时，总经理正忙于批阅文件。

总经理抬头看了他一眼，便示意他先坐一会。小吴坐在旁边的沙发上，不由自主地翻了翻自己手里的文件。总经理瞟着眼睛看了看他，便继续批阅文件。过了好一会儿，总经理才招呼小吴递上他的文件。小吴立即递上文件，然后毕恭毕敬地站在旁边。

"这个月公司进账多少？"总经理翻了翻文件，头也不抬地问道。

"120.5万多元。"小吴用非常洪量的声音回答道，颇为自豪。听到小吴洪量的回答声，总经理不由自主地抬高了右边眉毛。不过，他很快又恢复了常态，并用十分平静的语气问道："哦，那这个月公司支出多少？"

小吴多次注意到总经理抬高右眉，但他并没有太在意。这次也不例外，依然大声地回答道："51.6万多元。"

听到小吴的回答，总经理又抬高了右边眉毛，但他依然面不改色地说道："嗯，不错！继续努力！希望下个月再创佳绩。"

小吴以为总经理是在鼓励他，高兴不已，便乐滋滋地回到了自己的办公室。然而，让他没想到的是，第二天上班，他却接到了被辞退的通知。

小吴很不服气，想向总经理讨一个说法。但是，却被总经理助理拦在了门外。总经理助理很气愤地说："你真是一点都不知趣，总经理早就怀疑你了，他一直派人暗中调查你。经过调查发现，你每一次报上来的账目跟实际的账目都有出入。"

小吴一下子瘫坐在地。

在职场中打拼的你，是否用心留意过你的上司曾经也不由自主地抬高右边眉毛呢？双眉上扬是表达欣喜之情，但抬高右边眉毛又表示什么意思呢？

美国社会心理学家琳·克拉森曾通过大量相关的试验，来考察一个人的性格与面部神情的关系。他发现人们很难隐藏或者改变面部的细微变化，而这些变化又最能透露这个人的所思所想。因此，他认为眉毛最能透露一个人的心声。

人们常说，眼睛是心灵的窗户。而在人的脸上，离眼睛最近、关系最密切的非眉毛莫属。因此，有人巧妙地将眉毛称其为"心灵的窗框"。因此，在现实生活中，如果我们注意观察，就能看出眉毛因为感情的波动而产生的变化。比如，当一个人心平气和时，眉毛基本上呈水平状；当一个人高兴时，会因为心情愉悦而双眉上扬；当一个人烦躁时，眉毛就会皱在一起。

故事中的小吴虽然注意到了总经理的眉毛变化，但很遗憾的是，他却没有读懂抬高右边眉毛所包含的意思。其实，抬高右边眉毛传达的信息是介于扬眉与低眉之间，既不是兴高采烈，又不是心情沮丧，这表明他对你说的话持怀疑态度，并没有真正地相信你。

假如故事中的小吴解读了总经理抬高右眉的含义，如果早些发现总经理已怀疑自己了，也许他就能及时地制止自己的行为，最终也不会被辞退了。

※扬眉

当一个人双眉上扬时，表示非常欣喜或极度惊讶。单眉上扬时，表示对别人所说的话、做的事不理解或有疑问。

※皱眉

皱眉的情形包括防护性与侵略性两种。防护性的皱眉只是保护眼睛免受外来的伤害。但是光皱眉还不够，还需将眼睛下面的面颊往上挤，眼睛仍睁开注意外界动静。这种上下挤压的形式，是面临外界攻击、突遇强光照射、强烈情绪反应时典型的退避反应。

至于侵略性的皱眉，其基点仍是出于防御，是担心自己侵略性的情绪会激起对方的反击，与自卫有关。真正侵略性的眼光应该是瞪眼直视、毫不皱眉的。最常见的皱眉，往往被理解为厌烦、反感、不同意等情形。

※耸眉

耸眉指眉毛先扬起，停留片刻，然后再下降。耸眉与眉毛闪动的区别就在那片刻的停留。耸眉还经常伴随着嘴角迅速而短暂地往下一撇，脸的其他部位没有任何动作。有时它表示的是一种不愉快的惊奇，有时它表示的是一种无可奈何。

※斜挑

斜挑是两条眉毛中的一条降低，一条向上扬起，这种无声语言，较多在成年男子脸上看到。眉毛斜挑所传达的信息介于扬眉与皱眉之间，半边脸显得激昂，半边脸显得恐惧。扬起的那条眉毛就像提出了一个问号，反映了眉毛斜挑者那种怀疑的心理。

※闪动

眉毛闪动，是指眉毛先上扬，然后在瞬间再下降，像流星划过天际，动作敏捷。眉毛闪动的动作，是全世界人类通用的表示欢迎的信号，是一种友善的行为。

眉毛闪动除了作为欢迎的信号外，如果出现在对话里，则表示加强语气。每当说话者要强调某一个词语时，眉毛就会很自然地扬起并瞬间落下。

眼神变化有什么奥妙？

　　李林是一名新入职的市场推广员。由于他工作努力，试用期过后，就签下了两个单子。因此，在他的直接领导王明的极力推荐下，荣升为部门主管，管着20多个员工。

　　李林真可谓顺风顺水，升职后不久接连又签了三个单子，这在公司可以说是史无前例。公司里的员工因都很仰视他、敬佩他，连他的直接领导也对他礼让三分。在大家的吹捧声中，李林骄傲的情绪逐渐滋长。慢慢的，他变得狂妄自大、目空一切。

　　总经理最看不起那种骄傲自满的人，于是就找李林谈话。李林并不知晓这一切，还以为总经理要嘉奖自己。

　　当李林昂首挺胸地走进总经理办公室时，总经理不由自主地皱了一下眉头。不过，他仍然很有礼貌地招呼李林坐下。

　　等李林坐定后，总经理一边整理办公桌上的文件，一边说道："今天找你来，主要是想跟你谈谈工作方面的事。你个人所取得的成绩非常不错，但你的团队所取得的成绩就显得很逊色了。有时间要多跟你的下属沟通一下，传授一些经验给他们，尽量提高整个团队的工作效率。"

听到总经理肯定自己的工作业绩，李林心里乐开了花，脸上露出一副更加高傲无比的表情，趾高气扬地说道："总经理说的这些，我都知道！但要提高一个团队的工作效率并不是我一个人所能做到的，这需要相当长的时间。"

总经理斜着眼睛看了李林一眼，又迅速将视线调回电脑上。过了一会儿，他有些牵强地说道："好好干，只要你做得好，公司不会亏待你的。如果市场部经理能像你这样，那么我们公司就有希望了。"

"我一定不会辜负总经理的期望。"李林说完，便乐滋滋地走出了总经理办公室。然而，半个月后，公司新招来了一位主管，李林又回到了市场推广员的职位上。

读完上面的故事，我们发现故事中的李林不仅输在了自己的骄傲上，还输在了不能解读总经理微反应背后的秘密。其实，李林只要稍加留意，就能发现一些端倪。总经理虽然嘴上说着赞扬李林的话，但他一直埋头整理文件，说话时眼睛并不看李林。上司跟下属说话时，不看对方就表示其轻视下属。上司在与下属说话时，上司注视下属的方位大有深意。比如，说话时，不抬头看人表示轻视；久久地盯住下属看，则表示他在等待更多的信息；友好坦率地看着下属，或者对下属眨眨眼，则表示他很赞赏下属的能力……

故事中的总经理在与李林说话时，不抬头看他，并不是看不起他的能力，而是看不起他的骄傲自满。假如李林读懂了总经理这一动作背后的含义，那么也许就能改变被降职的命运。

在职场中，如果你注意到了上司这一举动，先不要着急，应该静下心来，冷静地想一想上司是看不起自己的为人，还是看不起自己的工作能力。假如是看不起自己的为人，那么就应该加强个人修养；假如轻视自己的能力，就应该努力地工作，争取让上司刮目相看。

从上面的故事中，我们总结出一条职场经验：在与上司说话时，多注意对方的眼睛。从他看自己的动作中寻找有用的信息。

上司与下属说话时，注视的方位不同，反映的态度也不同。仔细观察，就能获得非常有价值的信息！

※不抬头看人

上司与下属说话时，如果不抬头看对方，可能代表着对下属的一种轻视，认为他没有能力。

※从下往上看人

上司与下属说话时从下往上打量对方，这是一种有优越感的表现，也说明上司比较喜欢支配别人。

※久久地盯着下属看

上司与下属说话时，如果上司久久地盯着下属看，那么就表明上司对下属的印象还不够完整，正在等待下属提供更多的信息。

※偶尔看一眼下属

上司与下属说话时，偶尔往上看一眼下属，在与下属的目光相遇后又向下看。假如多次这样做，就表明上司还不完全了解这位下属。

上司认可你的肢体语言有哪些?

一天，保险销售主管小王兴高采烈地来到经理办公室，向经理汇报上一季度的工作业绩。由于他们以往取得的工作成绩并不好，经理对他们这组成员并没有抱太大的希望。

"上个季度的销售业绩怎么样？"经理很严肃地问道。

"上个季度的销售业绩非常不错，不仅维护了老客户，还开发了25个新客户。目前，已签了20个单子，利润较去年同期增加了15%。"销售主管小王一字一句地说道。

"上个季度支出了多少？"经理并没有露出惊喜的神情，而是平静地询问上个月的支出状况。

"上个季度，我们小组共支出了41000元，比去年同期少花了3000元，比预算还少花费10000元。"小王无比自豪地说，但一碰到经理严肃的眼神，又及时地打住了。

经理什么也没说，站起身，绕过办公桌，来到销售主管小王侧面，轻轻地拍了拍他的肩膀，说道："好了，我知道了，你去忙吧!"

走出经理办公室，销售主管小王感到十分不解，他原本以为经理会好好嘉奖他，会好好地表扬他们这一组成员。没想到，经理什么也没说。在接下来的一段时间里，小王一直愤愤不平，工作受到很大的影响。很快，一个季度又过去了，当经理见到他时却长长地叹了口气说："我以为你这个季度会做得更好，我还打算晋升你做销售经理呢！"

小王瞪大了眼睛，什么也说不出来。

当你在工作中做出了成绩，你盼望着上司鼓励你、表扬你。可是，让你失望的是，上司什么也没有说，只是从侧面拍了拍你的肩膀。难道上司真的什么也没有说吗？

肩膀的一项重要内在含义就是承担重量，因此上司从侧面轻拍下属肩膀，不但可以传达上司亲近、友好的善意，还能传递一种"我相信你一定行"的精神力量，起到激励、鼓舞的作用，使下属感受到领导真诚的祝福与殷切的期待，激发下属开拓创新、锐意进取，从而取得更大的进步。

在前面的故事中，上司确实没有说什么鼓励、表扬的话，但他从侧面轻轻地拍了拍小王的肩膀，这一动作就表达了他对小王的肯定与鼓励。小王之所以感到郁闷，是因为它没有读懂经理轻拍自己肩膀的含义。

其实，表达对他人的鼓励与赞扬，并不一定要大声地说："努力吧！加油吧！我相信你一定行！"有时候从侧面拍拍对方的肩膀、后背，或者用双手为他鼓掌，或者朝他竖起大拇指等行为动作，都能表达自己是在鼓励、赞扬他。倘若对方明白这些肢体动作所表达的含义，那么它将更能鼓舞人心。

对于领导来说，在办公场合，他们不愿意把鼓励、赞扬的话大声地说出口，更多的是喜欢从侧面用手拍拍下属的肩膀、后背，以示鼓励。作为下属，只有读懂了上司这一身体语言，才知道领导什么时候是在鼓励自己，才不会像故事中的小王那样弄巧成拙。

打电话时的小动作代表着什么?

　　杜娟是一家公司的接线员，她每天都要和不同的人通过电话打交道。由于需要经常要记录客户的姓名、电话号码和地址，她的办公桌上总是放着很多纸张、好几支笔，以备不时之需。

　　刚开始工作时，杜娟做得有声有色，为公司作出了不少贡献。但是，在时间无情地吞噬下，她慢慢地对这项工作感到了厌倦。由于常年无法与人沟通，她内心的孤独感与日俱增。再加上这段时间公司常常要求加班，连跟男朋友约会的时间都被压缩了，这更加剧了她内心的孤独感。因此，备受孤独摧残的她,不知道从什么时候开始喜欢上了一边接打电话，一边在纸上信手涂鸦，而且特别喜欢一圈一圈地在纸上画个不停。

　　一天下班后，有一个客户打进电话来，杜娟又开始不自觉地在纸上画了起来。这时，同事小王朝她走了过来。原来在中午吃饭时，小王请她帮自己联系一个很重要的客户，杜娟当时很爽快地就答应了下来。

　　小王站在杜娟旁边，大约站了两分钟后，杜娟才发现。她抱歉地指了指手中的电话，意思是让他等一会儿。

　　大约五分钟后，杜娟接完了电话。小王正想问什么，杜娟却放下笔先问道："怎么了，小王？"

　　小王吃了一惊，但很快就冷静地说道："娟子姐，你真是贵人多忘事啊！中午您答应我的事……"

　　杜娟眨了眨眼睛，一脸茫然地问道："什么事啊？"

　　"就是请你帮我联系一下一个客户！"

　　"哦。不好意思，不好意思，我明天一定帮你问。"杜娟早把这件事忘到了九霄云外，很不好意思地说道。

　　在职场中，你有没有遇到过这种明明答应帮你忙，结果却忘到九霄云外的同事？

　　德国波恩心理学研究所的专家们通过观察人们在打电话时所做的多余动作，得出了一个结论：60%以上的人在打电话时都喜欢在小纸片上信手涂鸦。一些心理学家针对此种现象，对这些"画家"进行了测试，发现他们的"画作"基本上都如实地反映了"画家"的性格习惯。这种涂鸦作品从本质上反映了一个人的一些潜意识特征。当一个人一边打电话，一边不自觉地在纸上乱涂乱画时，他的潜意识里的信息就会不由自主地宣泄出来。

　　故事中，杜娟一边打电话一边画圆圈，就表现出她潜意识里的孤独感。由于她内心孤独，大多数时间想的都是自己，便很少注意别人的感受，自然对别人的事漠不关心，总觉得那些事情简直就是对自己的一种干扰。因此，她就会把全部精力集中在自己身上。

小王在责怪杜娟没把自己的事放在心上时，更应该责怪自己找错了人。假如他平常注意到杜娟的这一习惯，并正确解读习惯背后所隐藏的秘密，那么他就不会把这么重要的事托付给杜娟去办了。

除了边打电话边画圆圈外，打电话时的其他动作也可以反映一个人的内心。

※边打电话边画花或者太阳的人内心脆弱

如果一个人喜欢一边打电话一边画太阳或者花的话，就说明他的内心极度脆弱。这类人表面上给人一种快乐的感觉，但实际恰恰相反，他们非常渴望他人的关心与安慰。因此，不由自主地将这种热情表现在了纸上。

※边打电话边画格子的人心情正值尴尬期

如果一个人喜欢一边打电话一边在纸上画格子，那么就表明他现在正陷入一种不体面或者尴尬的境地，或多或少地感到不自信。

※边打电话边画十字的人内心苦恼

如果一个人喜欢边打电话边画十字，则表示他有一种过失感，此时正感到苦恼或自责。

※边打电话边画小人的人内心无助

如果一个人喜欢边打电话边画非常简单的小人，则表明他此刻内心无助或者有意逃避某种责任。当他在需要坚决否定但又无法开口的时候，就会做出这样的动作。

摸耳朵的小动作表示什么想法？

王波是一个非常细心的人，不仅对待工作细心，而且对他人也是如此。在办公室里，他总能时刻观察到周围人的动作变化并解读出其中的意思，进而主动帮助他人，赢得同事们的一致认可。

一天，王波在工作之余，不经意地抬头看了一眼周围。很快，他发现新来的同事李璐背对着自己盯着电脑，一只手还不停地抓挠耳背。

李璐不停地抓挠耳背这一动作引起了王波的注意，根据他的经验判断，李璐此刻正为什么事感到焦虑不已。于是，他悄悄地来到李璐跟前问道："请问你现在需要帮助吗？"

李璐一听，很惊讶地说道："嗯，我对电脑不够熟悉，不知道为什么，word无法打开。我从上班弄到现在也没有弄好。"

王波一看是很常见的问题，什么也没说，三下五除二就帮李璐把这个问题解决了。李璐连忙道谢。

　　王波笑着说："不用谢。"李璐还想说什么，王波却已转身离去。

　　下班后，李璐找到王波，说出了自己心中的疑惑："你怎么知道我当时需要帮助啊？"王波大笑道："是你不停地抓挠耳背这个动作，透露出了你内心的焦虑啊！"

　　在同事急需帮助时，你是否及时地送上你的帮助？要想送上及时的帮助，首先就要通过解读对方的肢体语言，察觉出对方的内心需求。

　　小时候，当父母骂我们时，我们会不自觉地用两只手堵住自己的耳朵。因为我们不想听父母骂自己的声音。长大后，我们不想听别人说话，我们也会用手堵住耳朵，并且还会抓挠耳朵。

　　故事中的王波就是通过李璐不停地抓挠耳朵的动作看出了端倪，猜出她内心焦虑不已，需要他人帮助。因此，他主动地询问李璐是否需要帮助。果然，李璐遇到了困难，正在寻求帮助。所以，王波的帮助使李璐渡过了难关，他们的关系也更进了一步。

　　如果你看到某个同事不停地抓挠耳垂、耳背，那么你不妨主动走过去询问他有什么事需要帮忙。也许你这么一个小小的举动，就能赢得同事极大的肯定，从而建立良好的人际关系。

　　很多人都有抓挠耳朵的习惯，但是抓挠不同的部位代表着不同的意思。现在，我们一起来解读这些密码吧！

※摩擦耳郭背后,表示非礼勿听

当你与一个人说话时,对方下意识地用手指摩擦了一下耳郭背后,这表示出对方"非礼勿听"的心理。他是想通过摩擦耳朵来阻止这些话完全进入自己的耳中。如果你发现对方做出了这个举动,最好中止谈话。

※把整个耳郭折向前盖住耳洞,表明其很不耐烦

用耳郭盖住耳洞,是直接阻止不愿意听的话进入耳朵的表现,是所有抓挠耳朵部位中最直接传达不耐烦信息的动作。如果在你与别人交谈时,对方把整个耳郭折向前盖住耳洞,那么你就应该立刻中止目前的谈话,因为对方的这一动作正在告诉你:"我不想再听你说了,我已经听得够多了。"

※用指尖掏耳朵,表示不屑

假如你正热情高涨地说一件事,而对方却把指尖伸进耳道里掏耳朵。这个动作表示对方对你不敬,或者对话题不屑一顾。在这种情况下,你可以很礼貌地提醒对方,微笑着询问对方:"您在听吗?您有什么看法?"如果是领导或者长辈,你就应该考虑转换话题或者给对方发言的机会。因为这样说对方的心思不在你的话题上,而在他自己身上。所以,交流不会取得任何效果。

同事用手敲桌子，他有什么想法？

　　闻静是一家广告公司总经理的秘书。她人如其名，温柔文静，工作负责，深得总经理的喜欢。因此，总经理出差或者有事不能赶回来开会，就由闻静全权代理。

　　这一次开会，总经理在外地出差，一时赶不回来，于是便委托闻静代表他讲话。在会议上，闻静慷慨激昂地传达着总经理的意见。然而，就在这时，闻静发现公司的一位主管正用手指敲击着桌面，而且敲击的力度还非常大。闻静看了看他，而那位主管却不看闻静，头歪向另一边，依然敲击着桌面。

　　略懂心理学的闻静见到主管这种动作，很清楚他对自己的观点产生了抵触情绪，是在表示抗议，他敲得越快，就表明他内心越急躁、厌烦。她环视了一下在场的成员。很显然，主管这一动作影响了会议的进行，每一位成员脸上都露出了乏味的神情。大家对主管的举止很不满意。可是，毕竟在开会，谁都不能出来阻止主管这种举止。

　　闻静决定让会议正常进行，她很清楚这位主管比较自私，不太关注公司的发展，却非常关注自己的工资什么时候涨、涨多少。于是，闻静话锋一转，结束了公司发展的话题，转向公司员工待遇的规划。果然不出闻静所料，那位主管一听员工待遇规划，立马来了精神，停止了敲击桌面的动作，全神贯注地倾听闻静讲话。这时，他突然意识到什么。闻静见到他的这一动作，嘴角露出了一抹不易察觉的笑容。就这样，会议圆满结束。会议结束后，那位主管很不好意思地冲闻静笑了笑。

用手指轻叩桌面，这是中国茶文化里的一个礼数。通常情况下，当别人给你倒完茶以后，你手指敲击桌面代表对对方的尊重。

不过，在当今的社交场合，用手指敲击桌面所表示的意思就不是礼数了，而是可以诠释对方内心情绪的一种肢体动作。比如，当公司总经理在例会上大声讲公司的规章条例时，有些员工眼睛盯着某个地方，手指在桌面上不停地敲击着。很显然，这些员工对总经理的话题已经产生了厌烦情绪，并不拥护总经理的观点。

故事中的闻静就遇到过这种情况，当她在会议上慷慨激昂地讲话时，公司的主管却不停地敲击着桌面。闻静深知主管对自己的观点产生了抵触情绪，用这一动作来表达对自己的抗议。不过，他的这一动作影响了会议的进程，更影响了与会人员的心情。要想阻止对方继续这个动作，消除其抵触情绪，那么最好的方式就是讲他感兴趣的话题。因此，闻静便转移话题，阻止主管继续这个动作。闻静的这一举动不仅使会议正常进行，还与主管建立了良好的关系。

在社交场合，用手指敲击桌面，是诊释对方内心情绪的一种肢体动作。这种动作在不同的情景下有不同的含义，我们一起来看看：

※用手指敲击桌面是思考时的辅助动作

我们常在电影里看到这样一个场景：沉稳的男主角坐在光线暗淡的书房里思考着问题，眉头紧锁、目光专注，手指不停地敲击着桌面。很显然，用手指敲击桌面是一个人在思考问题时伴随的辅助动作。需要注意的是，当领导手指敲击桌面，并且敲击的力度很大，那么就说明他此时思考的问题十分沉重，他用这个动作来减轻压力。

※用手指敲击桌面是悠闲自得的信号

有时候，当一个老人哼唱着小曲、微闭眼睛，并用手指敲击桌面时，我们能感觉出这位老人此时悠闲自得，正沉浸于目前生活状态的满足之中。当然，这个动作代表的这种意思不仅适用于老人，任何人的悠闲自得的状态都可能通过这个动作来传达。

※用手指敲击桌面表明其内心有抵触情绪

假如你在与别人交谈时，对方的手指开始在桌面上敲击起来。很显然，他对你的观点或者话题产生了抵触情绪，他的心情有些急躁，注意力涣散。因为他已经分配一些注意力在他的手指运动上。手指敲击桌面的速度越快，说明对方心里越急躁、越厌烦。如果你换一个话题，也许对方就会立即停止手指敲击桌面的动作，并且全心贯注地听你讲话。

走路的姿势不同，有什么不同的情绪？

蒋乐兵与郭世平是同一天进入公司销售部的同事，他们从那时起就建立了深厚的友谊，中午时两人一起吃饭，下班时一起坐车回家，两人就如亲兄弟一般。同事们也常常说他们俩真是形影不离的铁哥们。

蒋乐兵比郭世平大一岁，他走路沉稳，不管遇到了多么重要紧急的事，都是不慌不忙的。在工作中也一样，他对待工作总是不温不火，一副磨磨蹭蹭、慢吞吞的样子，即使别人说什么，他也不会在意什么，更不会加快自己做事的速度。销售部每个月都要制订销售计划，蒋乐兵的销售计划总是那个数值，并且基本上都能如数完成。

与蒋乐兵截然相反的郭世平，他走路匆忙，步伐急促，只要决定做什么事情，都会立即去做，绝不会拖泥带水。相对来说，郭世平更加充满活力、喜爱运动，即使都穿西装、打领带都比蒋乐兵精神得多。每个月在制订销售计划时，他总会多写一点，即使完不成，他也觉得那是一种激励。

　　蒋乐兵与郭世平都很敬业，但郭世平的工作业绩却比蒋乐兵高出很多。一转眼，新的销售年度来了，销售经理被一家猎头公司给撬走了，副经理晋升为经理，需要在下面的员工中挑出一名副经理。大家都争先恐后地递出申请，而蒋乐兵却像什么事也没发生一样，随便写了一份推荐书交差了事。

　　晋升的经理认真地审过了这些申请书，他从中挑出了两份，一份是蒋乐兵的推荐书，另一份是郭世平的申请书。经理仔细作了对比，他很清楚郭世平的能力高于蒋乐兵，但作为副手更需要的是务实。于是，他便着重考察两人谁更务实。

　　通过仔细观察，经理发现蒋乐兵走路沉稳，郭世平走路匆忙。因此，蒋乐兵总是走在郭世平后面，好像郭世平在等蒋乐兵一样。经理出此断定，蒋乐兵更务实。于是，便提拔了蒋乐兵为副经理。

　　接到任命通知，蒋乐兵感到疑惑不解，于是就去问经理为什么没有提升郭世平。经理笑着说："务实的工作态度是作为一个副经理必不可少的条件，从你们的走路姿势中，我发现你走路沉稳，比较务实，而他走路匆忙，做事更讲效率。"

　　蒋乐兵这才恍然大悟。

　　上司提拔谁，绝不是无缘无故的，而是有他自己的考量。作为一名上司，要提拔一个副经理，在走路沉稳与走路匆忙的人中，你会选择谁？

　　人走路的样子千姿百态，各不相同，给人的感受也各个相异。走姿除了能显示自己的教养与风度之外，还能表露出一个人的心理活动。人的性格与行动有着很大的关系，从一个人走路的姿势，就可以推断出其当时的心理状态。

※走路沉稳的人做事务实

走路沉稳的人从来都是不慌不忙的，哪怕碰到了最重要最紧急的事。这种人办事历来求稳，无论做什么事情都要"三思而后行"。他们比较讲究信义，比较务实，一般来说，工作效率很高，说到做到。

※走路前倾做事严格

有的人走路总是习惯上体前倾，而不是昂头挺胸。这种人的性格比较内向和温和，为人比较谦虚，一般不会张扬，很注意严格要求自己，很有修养。

※走路低头没有目标

有的人走路的时候总是拖着步子，把两只手插进衣袋里，头常常低着，只埋头拉车，不抬头看路，不知道自己最终要去哪里。这样的人往往是碰上了难以解决的问题，到了进退维谷的境地。很多快要走入绝境的人，常常有这样的表现。

※步伐矫健的人思维灵活多变

步履矫健，轻松自如，灵活敏捷，富于弹性，这样的走路姿势使人联想到年轻、健康、充满活力。

具有这样步态的人，一般都是正人君子。当然，应该透过现象看本质，不要被假象所迷惑。

※走路匆忙的人行动力强

走路匆忙、步伐急促的人是典型的行动主义者，他们精力比较充沛，精明能干，适应能力特别强，勇于面对生活和工作的各种挑战，做事讲究效率，从不会拖泥带水。

※小碎步，快节奏走路的人保守

这类人多是保守而又呆板的人，他们的步伐通常很快，常常走小碎步，手臂的动作也是非常机械呆板。

名片设计不同，对方性格有什么不同？

陆小峰是一个市场业务员，他的工作能力很出色，懂得如何跟客户交流、沟通，时不时地拿下一个大单。但他有一个很不好的习惯，总喜欢在自己的名片上印上绰号。市场经理在赏识他之余，总是时不时地提醒他改掉这一不良习惯。然而，他虽然口上常说改，但从来不曾改过。

有一次，公司有一个非常重要的单需要去签。市场经理思来想去，总觉得陆小峰是最好的人选，因为他的谈判能力很强，相信他一定能圆满完成任务。

这天，市场经理与陆小峰一起来到总经理的办公室。市场经理先向总经理介绍陆小峰，言语中不乏吹捧之意。正在陆小峰得意之际，总经理说道："把你的名片给我看看。"

陆小峰不明所以，立即递上自己的名片。总经理拿到名片一看，发现名片上并没有印着他的名字，而是印着一个绰号。他看到这里，不由自主地皱起了眉头。过了一会儿，他便吩咐陆小峰先出去。

　　陆小峰出去后，总经理对市场经理说道："我觉得他不能担当这份重任。"市场经理惊讶地问道："何以见得？"

　　"你没发现他的名片上印着绰号吗？"总经理指着陆小峰的名片说道。

　　"我知道，我还一度地提醒过他，但他说这是他的个人习惯。所以，我也没太在意了。"市场经理想了想，说道。

　　"名片上印着绰号的人没有责任感，你怎么能把这么重大的任务交给一个没有责任感的人去完成呢？"总经理有些生气地说道。

　　市场经理一听，便立即解释道："他的谈判能力真的很强，前几天还签了一个大单呢，整个市场部没有谁的业务能力比他更强了。"

　　总经理叹了一口气，没再说什么。果然不出总经理所料，那天陆小峰去见那位客户时，因为迟到，客户非常生气地走了。

　　几乎每个职场人，都有一张印着自己头衔的名片。名片的种类各种各样，有的内容非常复杂，头衔颇多；有些像艺术家的手笔，构思新颖；有些则特别简单，只是打上自己的名字和电话，甚至连地址也不标注，不外乎是告诉别人有这么一个人的存在。

　　故事中的市场经理完全不懂名片背后的含义，认为陆小峰那只是个人的一个习惯而已，并没有放在心上。然而，让他没想到的是，正是他的大意给公司造成了巨大的损失。总经理虽然通过陆小峰喜欢在名片上印上绰号这一习惯看出他是一个没有责任心的人，但是却没有考虑到一个人的责任心远远胜于能力。假如他当时找一个责任心很强，但谈判能力不及陆小峰的人去见这个客户，也许胜算可能会更大。

从某种程度上说，名片是让他人认识自己的一个窗口，有的名片甚至囊括了一个人一生的成就和所得。所以，通过名片看一个人是一个十分有效的方法。

※喜欢在名片上用粗大字体印上自己名字的人，表现欲强

这类人多表现欲强烈，他们总是不时地强调自己、凸显自己，以吸引他人注意的目光。这种人的功利心一般是很强烈的，但在为人处世方面却表现得相当平和与亲切，具有绅士风度。他们最擅长使用某些手段来达到自己的目的，他们的外表和内心经常会相当不一致，表面上他们是相当随和的，但实际上，很不容易让他人真正地靠近。他们善于隐藏自己，为人处世懂得谨慎行事，更能把握分寸，使一切都恰到好处。

※在名片上不印任何头衔的人，个性较强

这类人大多个性较强，他们讨厌一切虚伪、虚假、不切合实际的东西。他们并不十分看重自己的身份和地位，也很少考

虑他人对自己的看法，他们只喜欢按照自己的意愿去做事，而不是被他人支配和调遣。与此同时，他们也很少对别人指手画脚、发号施令。他们一般具有超乎一般人的想象力和创造力，所以经常会有所创新和突破。

※名片的质地、形状和色泽都显得相当另类的人，喜欢独来独往

这类人的表现欲望相当强烈，而且喜欢卖弄。他们多喜欢无拘无束、自由自在的生活，自己愿意干什么就干什么。这种人大多头脑灵活，有不错的口才，但他们习惯独来独往，我行我素，所以除了自己的东西以外，对其他任何事物很难产生浓厚的兴趣。他们把是非善恶分得很清楚，并且表现得让人一目了然，所以他们会经常招惹一些麻烦。在人与人的交往中，他们缺乏足够的协调性，人际关系并不是很好。

※喜欢用轻柔质感的材料制作名片的人，富有同情心

这类人具有很强的审美观念，不太轻易与人发生争执。在条件允许的情况下，他们会尽力去包容对方。他们比较富有同情心，会经常去帮助和照顾他人。但这一类型的人不算太坚强，意志薄弱，常会给自己带来一些失败和麻烦。

※在名片上附加自己家里的住址和电话的人，具有较

强的责任感

这类人大多具有较强的责任感，否则他们不会把自己家里的地址和电话印在名片上。这样，即使他不在办公室，对方也可以找到家里来，把事情解决。

※喜欢在名片上加亮膜，使名片具有光滑效果的人，爱慕虚荣

这类人在外表上看起来十分热情、真诚和豪爽，与人相处十分亲切和善，但这可能只是他们交往中惯用的一种敷衍手段，实际上，他们多是虚荣心比较强的人。

办公桌的状态不同，工作态度也有不同吗？

　　周小兰与赵佳一同进入公司担任行政文员，她们都长得清秀可人，都是本科毕业生。但是，周小兰性格比较内向，而赵佳的性格则比较活泼开朗。

　　她们两个来公司没几天，行政经理的助理就辞职了。因此，行政经理便考虑从行政文员中提拔一个助理。不管是学历，还是相貌，毫无疑问，周小兰与赵佳都是最佳人选。因此，这几天，行政经理有意识地跟周小兰与赵佳两人接触，以便了解她们的能力与工作态度。

　　经过几天的接触，行政经理发现周小兰的性格比较内向，而赵佳的性格则比较活泼开朗。当然，赵佳的性格更适合担任行政助理的职位。就在行政经理打算提拔赵佳任行政助理时，他意外地发现赵佳的办公桌面与抽屉都是乱七八糟的。他心里不由得一惊，他想起有一本书里说，把办公桌面与抽屉都弄得乱七八糟的人喜欢凭一时冲动做事。他们做事不拘小节，经常是马马虎虎，得过且过。自然，这类人不会整理上司的办公桌，更不可能做好行政助理这份工作。

行政经理沉思了一下，又来到了周小兰的办公桌前。他发现周小兰的办公桌与抽屉都收拾得整整齐齐，各种物品都放在了应该放在的位置上，给人一种特别舒服的感觉。这类人做事井井有条，相对而言，很适合助理的工作。通过一番考察，行政经理最终决定提拔周小兰为行政经理的助理。

故事中的行政经理通过一番比较，最后选择提拔性格比较内向的周小兰。这是他仔细观察周小兰与赵佳办公桌后所得出的结果。从她们办公桌的状态，行政经理看出了她们的工作态度，周小兰把办公桌面与抽屉都整理得整整齐齐，这充分说明她是一个做事井井有条的人，工作肯定极有效率。而赵佳虽然性格开朗、活泼，但她却把办公桌与抽屉弄得乱七八糟的，她做什么事都欠缺考虑，仅凭一时冲动做事，自然很容易把事情搞砸。

假如行政经理当初没有注意到周小兰与赵佳的办公桌，也许他就用人不当了。既影响了公司形象，还降低了工作效率。

从上面的故事中，我们得出一个结论：在并不熟悉下属的情况下，如果想了解其工作态度，最好的方式就是观察他的办公桌。通过办公桌，你能发现许多秘密哦！

※办公桌与抽屉收拾得整整齐齐的人，做事井井有条

不管是办公桌的桌面上，还是抽屉里都是整整齐齐的，各

种物品都放在该放的位置上，让人看起来有一种相当舒服的感觉。这表明办公桌的主人办事极有效率，他们的生活也很有规律，该做什么事情，总会在事先拟定一个计划，这样不至于有措手不及的难堪。他们很懂得珍惜时间，能够合理分配时间来做更有意义的事情。但是他们习惯了依照计划做事，所以，对于一些意料之外发生的事情，常常会令他们感到不知所措。在这一方面，他们的应变能力显得稍微差一些。

※抽屉和桌面都是乱七八糟的人，凭一时冲动做事

这类人待人大多亲切、热情，性格也很随和，做事通常只凭自己的喜好和一时的冲动，三分钟热度过后，可能就会自然而然地放弃。他们缺少深谋远虑的智慧，不会把事情考虑得太周密，也没有什么长远的计划。生活态度虽积极乐观，但太过于随便，不拘小节，经常是马马虎虎，得过且过，但是他们的适应能力较一般人要强一些。

※桌面上收拾得很干净，但抽屉内却是乱七八糟的人，喜欢耍小聪明

这样的人虽然有足够的智慧，但往往不能脚踏实地地做事，喜欢耍一些小聪明，做表面文章。他们的性格大多比较散漫、懒惰，为人处世并不是十分可靠。在表面上看来，他们有比较不错的人际关系，但实际上，却没有几个人是可以真正交

心的，他们也是很孤独的一群人。

※各种资料错综交叉地放在办公桌上的人，做事虎头蛇尾

　　各种文件资料总是这里放一些，那里也放一些，没有一点规则，而且轻重缓急不分。这样的人大多做起事来虎头蛇尾，总也理不出个头绪来。他们的注意力常被一些其他的事情分散，从而无法集中在工作上，自然也很难做出优异的成绩。他们也想改变自己目前的这种状况，但是自我约束能力很差，总是向自我妥协，过后又后悔不迭，可紧接着又会找各种理由来安慰自己。

第五章

破解情场，通过男女微行为读心

女孩被吸引，通常会有什么姿势？

楚云龙与常雅丽两人从小玩到大，是无话不谈的青梅竹马。楚云龙对常雅丽有意，可是，他总觉得常雅丽对自己漫不经心。无数次，他都想向常雅丽表白。可是，每次话到嘴边时，他又咽了回去。因为他害怕自己表白了，假如雅丽拒绝了，那么以后他们连朋友都做不成了。因此，他内心一直犹豫不决。

这天，楚云龙升职了。为了庆贺自己升职，楚云龙便请常雅丽吃饭。他们面对面坐着，楚云龙兴致勃勃地谈着自己是怎么升职的，而常雅丽坐在他对面，静静地听着他高谈阔论，脸上偶尔露出点点微笑。

就在楚云龙讲到最精彩之处时，常雅丽放下筷子，轻轻地将一只手搭在了另一只手上，双手撑住下巴，全神贯注地听楚云龙侃侃而谈。楚云龙观察到常雅丽这一动作，略懂心理学的他不禁大喜，满含柔情地告白道："雅丽，做我女朋友吧！我从小就喜欢你，这么多年从未变过。"

常雅丽轻轻地将双手放了下来，脸颊略微泛红，低头不语。楚云龙很清楚，常雅丽这是害羞的表现。于是，他站起身来，绕过桌子来到常雅丽身旁，轻轻地将她揽入自己的怀里。

将对心仪已久的女孩的情感埋藏在心里，因为害怕对方拒绝，所以总不敢向她表白，这是很多男孩都有过的心路历程。其实，只要你通过对方的微行为解读她的内心活动，就知道自己应该怎么做了。

托盘式姿势就是指将一只手搭在另一只手上，双手撑住下巴，微微抬头将脸迎向对方的动作。这个动作是一个常见的倾慕对方的动作，而做出这个动作的人多为女性。

当一位女性做出托盘式姿势可能有三种情况：

①当她被对方的学识与口才所征服时，就会不由自主地做出这个动作，这个动作完全是自发的，是一个人在感情的驱使下自然地做出的。很多女性在听异性讲话时，都会做出这个动作，这表示动作者将听对方说话作为一种身心享受。

②当她被对方的外貌所吸引时，陶醉于欣赏男士俊颜的情境中也会自发地做出托盘式姿势。这种情况下的女孩可能并没有听进去对方在讲什么，而是以口头的"嗯啊"随意应付。

③当一位女士对男士倾慕已久，因此，她想主动传递给对方她的好感和倾慕之意，于是便有意识地做出托盘式姿势。这个姿势让女人看起来更妩媚、更温柔，而且表意更明确。

毫无疑问，故事中的常雅丽属于第三种情况，她通过托盘式姿势传达出自己的倾慕之意。楚云龙幸亏略懂行为心理学，否则他就可能错过这段美好的姻缘。

在爱情的道路上，很多人都因为不了解对方的心意而错过彼此。一般来说，女孩出于矜持，张不开嘴表达自己的情意。所以，这时就需要男士读懂对方的肢体语言。从她的肢体语言中，你会获得意想不到的喜悦哦！

※用手掌托住脑袋

假如一个人在听你讲话时，下意识地用手掌托住脑袋，并将整个身体的支点都放在胳膊上。这个动作已经说明对方开始厌烦你的话题，他的整个身体已经没有了动力来支撑自己，只让一只手和一只胳膊来支撑自己了。

※双手托腮的人爱幻想

假如一个人正用手托腮听你说话，那表示他觉得话题很无聊，你的谈话内容无法吸引他。他很可能正在思考自己的事情，所以，无心听你说话。假如平日就习惯以手托腮的话，那就表示此人经常心不在焉，对现实生活感到很不满，内心空虚，期待新鲜的事物，梦想着在某处能找到自己的幸福。

女孩不同的动作，有着不同的暗示

　　姜宇上初中时就偷偷喜欢上一个女孩子，她叫唐晓燕。当时正上学，姜宇便把心思掩藏了起来，一直偷偷地观察着唐晓燕的一举一动，而她却丝毫没有注意。有时候，她见到他也只是微微一笑。

　　转眼，他们都考上大学了。姜宇很多次都打算向唐晓燕表白，可是，每次见到她那双清澈的眼睛，想说的话又咽了回去。

　　在一个周末，姜宇准备了一束玫瑰花来找唐晓燕。他们约在学校附近的一个公园见面。那天早上，姜宇早早地从家里出发，来到了公园里。而唐晓燕过了约定时间才来，来的时候还牵着一只狗，这让姜宇有点摸不着头脑。

　　当姜宇把玫瑰花递给唐晓燕时，她接过玫瑰花，却什么也没说。就这样，他们两个人肩并肩地在公园里散步。

　　不知走了多久，姜宇在一把凉椅上坐了下来，而唐晓燕坐在了对面的凉椅上，把那只狗抱在怀里。姜宇很深情地望着她，久久无语。过了好一会儿，姜宇终于开口打破了沉默。他深情地说道："你知道吗？初中时，我就喜欢上你了。只是那时学习忙，所以……"

唐晓燕低着头把弄着怀里的宠物，一声不吭。姜宇自顾自地说，而唐晓燕始终低头不语。这让姜宇捉摸不透，他不知道怎么办好，只好送唐晓燕回家。在分别的时刻，姜宇问道："你明天有时间吗？"

唐晓燕回过头来说："明天看情况吧！"说完，便向楼上走去。姜宇望着她远去的背影，感到迷惑不解。

在生活中，你是不是也遇到这样的情况：当你向对方表白时，对方既没有接受，也没有拒绝。这到底是怎么一回事，你知道吗？

故事中的姜宇终于鼓足勇气向唐晓燕表白了。可是，唐晓燕既没接受，也没拒绝，给姜宇一种似是而非的感觉。她这一态度让姜宇迷惑不解。唐晓燕在出来约会时，带着一只宠物狗，在累了以后，还将宠物狗抱在怀里，其实就表明她自己已心有所属了。

如果你在向对方表白时，发现对方做出了这样的动作，那么也许你就应该知难而退了。

很多人都用"女人心，海底针"来形容女人的心思难以琢磨。其实，你只要细心观察女人的一些细微动作，就能发现她内心的秘密了。

※女人拍异性肩膀传达的是友谊之情

拍肩膀这种行为虽然在男人当中居多，但有些女人也会拍异性肩膀。这个动作并没有其他意思，只是传递了一种友情与关怀，或者她把对方当成小孩或者弟弟。

※女孩把宠物抱在怀里暗示她不可能接受

把宠物抱在怀里其实是女人的一种巧妙暗示，表明她不可能接受你。因为她将心爱的猫、狗或者毛绒玩具抱在怀中，就表明她已经有心爱的东西了。如此抱着自己的宠物，也是为对方设置了一道障碍。她这样做是有意拉开距离，让你没有进一步接触她的机会。

※女人摸耳垂表明她对你的话题感到厌烦

一般来说，那些有事没事喜欢摸耳垂的女人，是最难让人捉摸的。有时候，这样的动作表示她对你们正在进行的话题感到厌烦，便又不好直说；有时候，也表示她认为没必要表现出来，就会下意识地摸耳垂。

※女人摸鼻尖表明她不相信你

喜欢摸鼻尖的女人一般成熟大方，女人味十足，颇有神秘色彩。假如你遇到了总是做这样动作的女人，就很不幸。因为她在与人交谈时，频频摸自己的鼻尖是一个不好的信号，这表示她很可能不相信你说的话。

摆弄头发的动作，有什么样的心思？

张云中喜欢一个女孩子很长一段时间了。这个女孩子名叫罗娜，长得温柔可爱，笑起来特别迷人。然而，遗憾的是，对方已经有一个远在他乡的男友。所以，张云中迟迟不敢向她表白。很多时候，他只能默默地观察着对方的一举一动。

有一次，张云中约罗娜出来吃饭。在吃饭时，张云中很细心地为罗娜夹菜，倒茶水。从罗娜甜蜜的笑容中，张云中能感觉出她吃得很开心。吃过饭后，他们开始聊天。罗娜时不时地抱怨男友一心只为工作，也不常回来看看她。嘴巴很笨的张云中微微一笑地说："他可能是工作太忙了。"

罗娜嘟起嘴巴，一副很不高兴的样子。过了一会儿，她似乎感觉闲来无事，便将头发弄到前面来，轻轻地抚摸着自己的头发。

张云中很快就注意到她这一举动，他知道罗娜男友远在他乡，罗娜难免渴望得到他人的关爱。因此，他比以前更加关爱罗娜，几乎每天都会给她打一个电话。

有一天，罗娜突然找张云中，一见到张云中，她一下子扑在他怀里哭了起来。这把张云中吓坏了，后来，才得知罗娜男友在异乡早另有新欢，罗娜伤心过度才会做出如此的举动。

张云中沉重的心情一下子放松了。他替罗娜擦干眼泪，很温柔地说道："别伤心了，你不是还有我吗？做我女朋友，好吗？"

罗娜抬起头来，点了点头。

当我们感到孤独或者不安时，总会不由自主地寻求与他人的交流，并出现身体接触的欲求。然而，我们的爱人不可能随时都陪伴着我们。因此，作为替代，一些女性会用自己的手抚摸自己，以达到平复情绪、安慰自己的作用。这种行为，心理学称为"自我亲密"。

女性在男性面前摆弄头发便是"自我亲密"的一种体现，她们是在无意识中向男性表达"希望你关爱我"的感情。在约会中，假如你心仪的女孩频频拨弄着自己的头发，或者用手指卷起头发，那可是一个明显的信号，如果你真心喜欢她，千万不能视而不见哦！

在交谈中，女性会有意或者无意地摆弄自己的头发。这是为什么呢？

※轻抚自己的头发希望对方能关爱她

在约会时，有些女孩子轻轻地抚摸自己的头发。这是她心底渴望你用温柔的言语体恤她的意识表现。如果你注意到她这一举止，假如你真的喜欢她，真的关心她，不妨给她一些安慰与关心。也许，她将成为你的白雪公主。

※用力地拨弄头发是内心感到压抑

当一个人内心感觉到压抑或者对某一件事情感到后悔时，就会用力地拨弄头发。在约会时，你发现心仪的女孩子做出这个动作，你不妨想办法帮她消除内心的压抑感。这样，也许你就能获得一段美好的姻缘。

※交谈时摸头发

当对方与你交谈时，总要时不时地摸摸头发，好像在引起你对他们发型的兴趣。其实不然，因为这种人就是独自一人的时候，他也会每隔三五分钟"检查"一下头发上是否沾上了什么东西。

这类人大都性格鲜明，个性突出，爱憎分明，尤其疾恶如仇。他们一般很善于思考，做事细致，但大多数缺乏一种对家庭的责任感。他们对生活的喜悦来源于追求事业的过程，喜欢拼搏和冒险，他们不在乎事情的结局。他们在某件事情失败后总是说："我问心无愧，因为我去干了。"

和男友一起逛街，看透对方的心思

秦湘是一个活泼开朗的女孩，周末时，总喜欢拉着男朋友出去逛街。有时候吃点小吃，有时候去吃一次大餐，有时候去超市疯狂购物，有时候还去歌厅吼几声……不管她做什么，男友总是微笑地看着她，从没抱怨过什么。可是，这段时间也不知道怎么了，男友总是忙工作，总是早出晚归。周末时，他说公司需要加班，不能陪她了。

秦湘以为男友移情别恋了，便偷偷地跟在他后面，一直跟到了公司，直到他坐在办公室里的那一刻，秦湘才消除了心中的疑虑。尽管知道男友确实是在加班，可是，秦湘内心被强烈的孤独感所侵袭，因此常常暗自抹泪。

有一天，闲来无聊的秦湘跟几个姐妹聊天，便聊到了在男人的心中到底是工作重要还是女友重要这个话题。有人说工作重要，有人说女友重要，有人说工作与女友都重要。可是，这如何分辨呢？其中一个姐妹建议道："我看过这样一本书，书上说去逛街时，看男友走路时的位置就能知道答案了。走在你前面的男人只是把你当作晋级的手段，走在你后面的男人就是一个工作狂，而与你并排走的男人将工作与女友看得一样重。"

正为此事发愁的秦湘听到姐妹们的一番话，便多留了一个心眼。转眼，一个月的时间过去了。这个周末，男友终于不加班了。秦湘便兴高采烈地拉着男友去逛街。从出门那一刻，秦湘发现男友一直与她并排走，直到回家，他没有超前，更没有落后。秦湘感到非常高兴。果然，上个月确实是因为男友工作中出了一点问题需要加班，后来男友则很少加班，每天都早早地回家陪她。在男友的陪伴下，秦湘感到幸福不已。

工作与女友对男人来说同样重要，男人辛苦挣钱是为了给心爱的女友一个更好的未来，当看到女友穿上自己给她买的衣服时，男人的心里比吃了蜜还甜。假如没有女友，男人工作所挣来的钱便不能体现出其价值。所以，工作与女友对男人来说，是相辅相成的关系。

诚然，恋爱中的每一个女子都希望自己的男友既重视自己，又重视工作。可是，男友到底怎么看待工作与女友？很多女孩子都揣摩不透男友的心理。其实，要想知道男友如何看待工作与女友并不难，你与他逛街时，你只需要注意观察他与你一起走路时的位置，那么他对你的感情到底如何呢？

※喜欢走在你前面的人，把你当作晋升的手段

他喜欢走在你前面，那么对他而言，女性、工作都只是达到晋升、达到目的的手段罢了。如果有可能，他会不惜来个"政治结婚"。他是个典型的大男子主义者，也希望在恋爱中你能更多地依赖于他，女性只是他生活中的一件摆设。

※喜欢走在你后面的男人，是一个工作狂

如果他走在你的后面，表明他也很重视恋爱，不过，他不会因你而放弃名誉和地位。

恋爱中的他，虽口口声声说"你比工作重要""你是我生命中最重要的一部分"，但是婚后的他，会逐渐变成一个工作狂，认为工作比爱情更重要。

※他与你并排走，表明他把你看得比什么都重要

如果你们两个人一直是紧紧并排走，那么恭喜你，你在他的生活中是第一位的。总之，他不能没有你，他把你看得比什么都重要。

婚后的他，凡事都会以家庭为重，如果你反对，他会听从你的意见而放弃晋升更高的职位。换而言之，他的晋升与否掌握在你的手中。

你们虽并排走，但彼此间稍有距离的话，说明工作和恋爱对他来说是同等重要的，他认为男性和女性是平等的。所以，

凡事他都会征求你的看法而作决定。不过，他稍微有点优柔寡断，这或许是个缺憾。既希望出人头地，又希望获得爱情的他，两头落空的危险性极大。

座位的选择，也大有奥妙

　　李晓玲跟男友恋爱一年多了，男友长得英俊潇洒，风流调侃，是很多女孩心目中的白马王子。李晓玲击退了所有竞争对手，终于俘获了"白马王子"的心。因此，李晓玲觉得自己拥有一个让这么多女孩羡慕的男友，她心里乐开了花，而且男友对他还温柔有加，这让李晓玲觉得幸福无比。可是，男友有一个举动却让李晓玲百思不得其解。每次出去约会时，只要在能坐的地方，男友总是抢先坐在她左边的位置，而她每次看到的都是男友的右半脸。

　　有一次，李晓玲挽着男友的手臂来到了酒吧里。刚到酒吧，男友就急忙找了一个位置坐在李晓玲的左边。李晓玲这一次做法不同于寻常，她没有坐最近的位置，而是绕过男友坐在了男友的左边。

　　男友突然紧张了起来，而李晓玲依然若无其事地像往常一样点菜、倒茶水等。过了好一会儿，李晓玲突然问道："你怎么总喜欢坐在我的左边？"

男友支支吾吾地回答道："我们中国不是讲男左女右吗？我习惯这样了。"

李晓玲发现男友在说这句话时，左脸的表情极其尴尬，他是否正在努力掩饰自己的情绪。凭直觉，李晓玲感觉男友此时正在说谎。她以前从没观察到过这种状况，男友以前说话时，都非常爽快，右脸的表情也非常平和。有一句话说："左脸比右脸更可靠。"难不成男友一直都在隐瞒自己什么。产生了这种怀疑，李晓玲从那以后便仔细观察男友。

果然，没过多久，李晓玲就发现男友偷偷地跟一个神秘女子来往。李晓玲流着眼泪向男友提出了分手，而男友却不以为然。

一个人的脸可以分为左右两部分，有时左右对称活动，有时左右分别出现不同的表情。当人脸左右对称活动时，不管是欢笑、发怒，还是悲伤，都是发自内心的。与此相对，当人对自己的感情有意识的时候，左右脸会出现不同的表情。比如，当众出丑，面露苦笑时；鄙视某人，表示轻蔑时；失败后，感到惋惜和悔恨时……上述状况下的表情，都是左右不对称的。

我们的左右两边脸有着不同的分工。左脸直通人的心灵，经常表露内心的真实感情，因此是"隐蔽的"面孔；而右脸则如一副面具，会按照理性的指引做出假笑、假悲伤、鬼脸等表情，而将内心真实的喜怒哀乐隐藏起来，因此是"公开的"面孔。所以，许多时候，我们左脸所显露的信息，正是右脸所要掩饰的。

　　故事中的男友之所以会抢着坐左边，就是想把右脸展示给女朋友，而右脸不容易泄露真实的心情。由此可知，他想隐藏某些真实的情感。很幸运的是，在约会的过程中，李晓玲注意到了男友喜欢抢着坐在她左边的这一动作，并通过这一动作揭露出了他的谎言，顺藤摸瓜，最终发现男友脚踏两只船。认识到事情的真相后，李晓玲果断提出了分手。

第六章

餐桌解读，通过饮食习惯读心

通过吃饭动作看透人心

饮食比其他习惯更容易泄露一个人的个性，因为饮食习惯绝大部分是早在童年时代就已经形成的。怎么吃？在哪里吃？到什么时候吃？听起来仿佛都是有意识的选择，但是这些选择其实老早就根植在你的个性中了。

※边做饭边吃的人

这样的人愿意为别人服务，他们可能有机会坐下来和家人一块儿用餐，这样的人可能是一个妻子、一位母亲、一个为别人牺牲自己的人。只要别人高兴了，他们也就高兴了。

※边看书边吃饭的人

这样的人需要不断地补充食物才能思考。他们有许多梦想和计划，做事效率很高，经常为了节省时间和精力而同时进行两三件事。在他们的心中吃并不重要，因为他们重视的是各种创意，而不是吃。

※边走边吃的人

这种人给人的印象是整天都很忙碌，来去匆匆；而实际上呢，他们的工作、生活毫无规律，作出决定往往是仅凭一时冲动，经常和自己的兴趣相违背，由于这种人把时间分配得不合理，因而给自己增加了许多不必要的工作和消化不良的机会。

※不管别人，只顾自己吃的人

这类人非常性急、自私，常常自以为是，不考虑别人的感受。虽然他们能处理好一些工作，但一般来说，都以自己的步调为中心的。即使自己的行为给别人造成了困扰，他们也不以为意。

※总觉得别人的饭菜好吃

这类人比较善变，而且对自己缺乏自信，他们非常在意别人的言行和对自己的看法，看到别人比自己优秀就会产生强烈的自卑感。

虽然在别人面前他们会表现出一副开朗的模样，一旦独处就会想不开，自寻烦恼。

※吃完一道菜再吃另一道菜的人

这类人不管做什么事情，一旦开始埋头苦干，就毫不在乎周围人的眼光。一件事没有做完，就绝不会心有旁骛。他们的优势是可以发挥卓越的集中力，但对同时进行多项工作就不在行了。在个性上，他们往往比较固执。

※吃饭速度很快的人

这种人不管做什么事都非常注重速度。交给他们的事，他们都想立刻做完。对他们来说，人生只有目标，没有过程。这种人不知道怎么开始，也不知道怎么享受达到目的的喜悦，他们关心的是如何尽快着手下一件事。

※细嚼慢咽的人

这种人在吃饭的时候能够体验到咬、吸、嚼、尝等感官之乐。这种人过日子很缓慢、很悠闲，享受着快乐的时光。

※喜欢在外面吃饭的人

这种人享受的是服务，对他们来说服务比食物重要。如果别人先问他们，他们将毫不保留地和盘托出自己心中的欲望。一旦他们说出了心中的欲求，就希望得到实现。这种人一般不善于照顾自己。

※喜欢在家里吃饭的人

这种人对自己很负责，如果别人侍候他们或迎合他们，反而会令他们不自在。对他们来说，适应新环境是一种负担，因此他们常常在自己熟悉的环境里放松自己。

※定时进食的人

这种人生活得很有规律，没有到吃饭的时间，即使饿了他们也可以坚持，因为他们已经掌握了自制的艺术，包括做错事要自我惩罚。

※喜欢吃零食的人

这种人把食物当成自己的镇静剂。在焦虑的时候，他们往往会通过吃东西来平复情绪，帮助自己放松心情。这种人在没有事情做的时候，即使肚子不饿，也会不停地吃。

通过食物偏好看透人心

　　一般人的身体状况，通常由其饮食习惯决定，比如肥胖的人多半喜吃甜食，肠胃不好的人容易紧张，这些都是基本常识。而一个人的个性又与其健康状况息息相关，因此从饮食习惯去归纳一个人的个性，确实有一定的可信度。

　　喜欢吃蒸制食物的人，性格往往比较内向，不轻易动怒，心里经常陷入犹豫或左右摇摆的挣扎中，但很少流露出来。

　　喜欢吃生冷食物的人，个性往往比较坚强，且不愿表现自己，给人不容易亲近的感觉。这种人一般对大自然有浓厚的兴趣。

　　喜欢吃清淡食物的人，往往不太注重人际交往，不善于与人接近，喜欢单独行事，性格倾向沉静而内向。

　　喜欢吃甜食的人，往往热情开朗、平易近人，但有些软弱、胆小。

　　喜欢吃辛辣食物的人，往往善于思考，遇事有主见，吃软不吃硬，有时爱挑别人的毛病。

喜欢吃炖煮食物的人，往往性情温柔，和任何人都谈得来，富于幻想，但对于幻想的事情能否实现，则一点也不计较。

喜欢吃烧烤食物的人，往往上进心较强，做事能专心致志，性情急躁，喜欢出主意，但又缺乏当机立断的勇气。

喜欢吃油炸食物的人，往往富有冒险精神，容易触景生情，时有大干一番事业的愿望，但稍受挫折就会灰心丧气，有时会乱发脾气。

喜欢吃肉食的人，多数有支配性的性格，领袖欲强，活动性高且有进取精神。一般来说，特别嗜吃肉食的人，是社交圈中比较活跃的人，特别容易与别人合得来。

对所吃的食物不加以选择，常常是来者不拒，这样的人大多亲切而随和，在各个方面都不拘小节，更不会为一些鸡毛蒜皮的小事而斤斤计较。他们的头脑一般来说是比较聪明的，很有才华，而且精力相对旺盛，能够游刃有余地同时应付几件事情。

通过座位选择看透人心

吃饭是人维持自身生存的一种本能，而一个人在吃饭这个本能行为中的种种不经意的表现可以深层次反映一个人的心理。比如在餐厅、咖啡馆等地方，你喜欢坐在哪个位置呢？通过观察这些细节，将有助于判断一个人的个性。

※喜欢坐在角落的人

这类人追求一种安定、稳妥的生活。他们之所以将位置选在角落，是因为在这个位置上，他能够全面看清餐厅内的情况，可以说这是最安全的位置。

工作上，由于他们习惯做一个旁观者，基本上缺乏决策的能力，以及作为一位领导者应有的积极态度。因此，他们往往不适宜做领导。

※喜欢选择中间位置的人

这类人常常以自我为中心，而对他人的事，则显得漠不关心。例如，和别人聊天时，他们总是不断强迫别人听他们说话，却又总是忽略别人的意见和想法。

此外，他们的自我表现欲也非常强烈，不顾他人的感受，他们绝不是随和、好沟通的类型。

※喜欢靠窗边位置的人

这类人的个性属于平凡普通型。他们选择比较明亮的靠窗户的位置是为了避开出入口及洗手间附近，尽可能远离喧闹嘈杂的环境。而有些人在无意识中，自然会走向装饰有美丽花朵附近的座位，这是比较常见的情形。

※喜欢背靠墙壁的人

这也是一种十分寻常的心理反应。因为背靠着墙壁，我们便不需要担心背后是否会有人偷袭，而又可以眼观六路、耳听八方，注意周围的动静。因此，将背靠着墙壁，是一种能令人安心的本能反应。

※喜欢面向墙壁的人

这种人偏好靠近墙壁附近的座位，而且喜欢面向着墙壁以背对着其他人，这表明他们在潜意识中不想和其他人有任何瓜葛。背对着其他人显得孤傲，热衷于自己的世界，无视外界的存在。

此外，从就餐找座位方式同样可以看出一个人的性格。

※进餐厅时环顾四周找到空位，然后安排别人就座的人

这类人判断力卓越，自信心也很强，他们对内心想法常常是毫无忌讳地直接表达，因而有时候很容易惹人生厌。

※到餐厅后发现位子不够，便四处徘徊寻找座位的人

这类人判断力欠佳，且会作出错误判断，经常会出现小失败。不过他们乐于配合他人，老实的性格受人欢迎。

※就餐时总是跟在大家后面的人

这类人的依赖心很强，不论大事小事都不会自己积极主动，而是配合周围人的举止而行动，他们是那种不会在意细枝末节。

※立即到前台咨询哪里还有空位的人

这类人虽然做事会以合理化的方式进行，但是他们常常以眼前结果为优先，而疏忽喜好与气氛等因素的倾向。他们在做事的时候，往往也有不考虑别人意见与想法的一面。

通过咖啡选择看透人心

如今，喝咖啡已经成为一种文化现象，有越来越多的人加入其中。咖啡有很多种类，不同咖啡的味道和品尝时的感受都是不同的，而对不同类型的咖啡的钟爱，往往也反映了一个人的心理特征，人们往往会根据自己的心情、爱好来选择咖啡品种，找出最适合自己的一种。因此，我们可以从对咖啡的选择上判断一个人的个性。

※喜欢即溶咖啡的人

这类人缺乏足够的耐性，总是力求不浪费自己的时间，他们无论做什么事，都急切地想知道结果，即使这结果不怎么完美。他们容易暴躁发怒，但他们善于自我开导以恢复精神，准备更好地去面对另外一件事情。

※喜欢冷冻咖啡的人

这类人很重视自己在他人心中的形象和地位，别人的评价可能会直接影响他们的心情。他们对新鲜的事物很好奇，喜欢刨根问底。他们对自己的期望很高，并常会迷失自己。对别人的一些行为，他们很喜欢模仿。

※喜欢用电咖啡壶冲咖啡的人

这类人的忧患意识较强，在做事情之前，喜欢做一些准备工作，以防不测。在生活中的各个方面他们都显得非常谨慎小心，他们只对那些比较熟悉的人很热情大方。他们有很强的同情心，会主动地为他人排忧解难。

※喜欢用酒精灯煮咖啡的人

这类人中的大多数人都有怀旧情结，喜欢浪漫主义情调，常常会制造出那种很朴素但又很和谐的怀旧气氛。他们的价值观念比较传统，行为也比较保守，所以，虽然他们有许多大胆新奇的想法，但都无法付诸实践、变成现实。

※喜欢新奇的混合式咖啡的人

这类人喜欢把自己塑造成一个与众不同的人物，并且为此花费巨大的时间和精力也不会觉得可惜。他们不满足于普普通通、平平凡凡，他们希望自己的观点和行为方式都很独特，这样就可以吸引他人。

※喜欢磨咖啡豆的人

这类人中的大多数人都具有非常鲜明而独立的个性，非常相信自己，总是认为社会上能和自己相比的人几乎没有，对于这一点大多数人都会感到很吃惊，甚至心里极不舒服，但却会记住他们。这类人很勤劳，做事循序渐进，尽量达到完美。

※喜欢滤式咖啡的人

这类人的生活品位比较高，为了付出后得到更多的回报，他们往往会让满足感延后到来。他们追求完美，对于那些想拥有的东西，就一定是要最好的。

通过饮酒选择看透人心

在社交场合，以酒为应酬的方式最为常见。酒的种类不同，其成色、风味、口感等也会有所不同，而一个人喜欢什么样的酒，与其性格有着密不可分的关系。因而，通过一个人所喜好的酒类，我们可以解读出其性格特征。

※喜欢白酒的人

这类人一般善于交际且乐善好施，往往是生活中的"好好先生"。他们喜欢受人吹捧，也非常在意对方的感受。

在职场中，这类人往往深受下属的爱戴，却很难获得上司的认可。他们多半会为了认同自己、对自己的能力有极大期待的人奉献力量。

※喜欢啤酒的人

喝啤酒表现出轻松愉快的心情，渴望从苦闷的环境中获得解放，通常想要表现最原始、最自然的自己。

这类人容易获得别人的好感，在金钱方面也属乐天派，不会很在乎。

※喜欢葡萄酒的人

选择干红葡萄酒的人性格内向，感情细腻，多愁善感，优柔寡断，心地善良，喜欢恋旧。

选择红葡萄酒的人性格外向，举止沉着、冷静，从容不迫。他们做事谨慎，不轻易尝试冒险性的活动。另外，他们往往过于现实而不懂得浪漫，凡事都较顾及眼前，对金钱有着执著的追求。

选择白葡萄酒的人性格外向，感情炽烈，爱幻想，强烈追求梦想和理想。

※喜欢香槟的人

这类人总是追求豪华、高贵的事物，而对过于平凡的事物则显得漠不关心、不屑一顾。感情上，他们对异性的要求往往也非常高。

※不喝酒的人

这类人性格内向，个性保守，温和含蓄，善于照顾他人，给人以温暖的感觉，但不善于表达自己内心的感受。另外，他们也比较敏感，总顽固地封闭在自己的世界里，不愿听从他人的意见，也不轻易地表露出自己的真意。

俗话说"酒后吐真言"，说的就是真性情往往在酒醉后表现出来。由此，通过醉酒后的表现也可以反映出他人的真实性格。

※喝醉酒后不停地说话的人

这类人性格往往一丝不苟，对待年长者的态度相当恭敬。表面上看，他们似乎很爽朗，但他们却是平日不爱讲话的人，之所以在醉酒后滔滔不绝地讲话往往是因为他们的人际关系出了问题。

※喝醉酒后打瞌睡的人

这类人大多意志薄弱，性格内向。对别人提出的要求，不论困难与否、能不能兑现都一概答应。在感情上，虽然很喜欢某个人，但一旦遭到亲人的反对，就会立即退缩。

※喝醉酒后夸张动作的人

这类人反抗心强，自卑感重，在生活中很容易得罪别人。

※喝醉酒后流泪的人

这类人是典型的浪漫主义者，他们一旦爱上一个人，往往就不会压抑自己的感情。他们待人诚实，害怕被人欺骗。

※喝醉酒后反复干杯的人

这类人个性颇为顽固、无情，但表面上常常给人相当温和的感觉。他们精神状况不稳定，往往因逃避现实而显得懦弱。

※喝醉酒后唱歌的人

这类人天生不畏惧失败，他们总是能将公事和私事划分得清清楚楚。在工作中，他们能将自己的个性和技术发挥得淋漓尽致。

※喝醉酒后挑衅的人

这类人具有不屈不挠的个性，虽然酒醉后乐于挑衅，但他们平常却非常温顺和善，所以周围的朋友往往会被这突来的举动吓得不知所措。

※喝醉酒后垂头丧气的人

这类人表面上看有些胆怯和懦弱，但事实上，他们非常活泼，且具有攻击性。对于自己既定的目标会积极完成，做任何事都相当随性，但有时也会出现不安的情绪。

※喝醉酒后和平常没有什么不同的人

这类人以往多半因酗酒而误了某件大事，所以经常抱着适度的警戒心。

※喝醉酒猛打电话的人

我们常可在夜晚的街道上，看到一些醉汉漫无目的地晃荡，有时也会看到他们无缘无故地骚扰行人。他们的这些行为，无非是想诉说自己的孤独而已。这些人只是希望能和更多的人交往、沟通，借以解除心中的不满。

通过喝茶品味看透人心

在日常生活中，如果我们仔细观察的话，往往能发现喜欢喝热茶的大多是一些快乐的、精力充沛和易冲动的人，而喜欢喝稍冷的茶的人则正好相反。事实上，喝什么茶不仅能发现对方的口味，还能借此判断他的性格特征。

※喜欢在家喝茶的人

这类人通常非常顾家，他们往往对外面的世界没有太多的兴趣，自然也不愿意到外面去。对于他们来说，与其到外面去，还不如泡一壶清茶，与家人待在一起。他们一般与世无争，或者根本就没有竞争力。这类人内心软弱，也没有进取意识，常常给人一副得过且过、优哉游哉的样子，对任何事都是满不在乎的。因此，在事业上他们往往没什么大的作为。

※喜欢去茶楼喝茶的人

经常到茶楼喝茶的人大多都比较专断独行，自我主张，自尊自大，自以为是。在他们看来，自己的主张是绝对正确的，也是唯一可行的，而别人的意见都有这样那样的不足。这种人热衷于争强好胜，从不愿承认别人的优点，待人接物的态度也非常强硬。而且他们内心狭窄，脾气执拗，所以容不下别人意见，总是给人比较专横的印象。

※喜欢到街头茶馆喝茶的人

这类人往往比较随和，很少做无谓的争吵。他们的包容性和承受力都很强，特别能吃苦，属于不怕苦不怕累、任劳任怨的一类人。工作上，他们勤奋认真，从不怕劳累，更不会偷懒，再艰难的事情他们都能够去完成。在生活中，他们有耐心，不抱怨，不发牢骚，有能力，坚强，无畏，能承受生活的重负。他们唯一的缺点就是灵活性较差。

※喜欢热、浓、甜的茶的人

这类人做事的质量很高，但容易拖拉。他们总是喜欢用自己的标准衡量他人，因此常常遭人误解。他们生活乐观，诚实而有民主作风。同时，他们的数学才能也很不错。

在众多的朋友中，他们总是被人关注的中心，他们动作敏捷，却常常心不在焉。当有人喜欢他们试图与他们接触的时候，他们常常没什么反应。

※喜欢热、甜、淡的茶的人

这类人稳健而道德高尚。虽然他们的圈子不是很大，但他们的忠实可靠能够弥补这些缺憾。在他们看来，他们是不会对谁都表达感情的，他们只愿意将自己的感情留给最亲近的人。

在工作上，他们热爱劳动、态度认真，因而常常成绩斐然。

※喜欢热、浓，但不甜的茶的人

这类人一般都积极乐观，且善于交际，因而他们的朋友比较多。

他们极具创造力和浪漫主义的天性，学习起来很轻松，并且会取得许多成就。他们注重实际，要求也不高。他们性格刚强，头脑灵活，能够胜任重要的岗位。当然，在家务方面他们也不甘落后。

※喜欢冷、浓，但不甜的茶的人

这类人善于交际，也很有天赋，但他们心胸狭窄，常常疑神疑鬼，因而朋友圈一般都很小。对于他们来说，情绪就像海边的天气，喜怒无常。他们可能刚唠叨并发泄完自己的不满情绪，突然又会变得温和善良。这样的人学识渊博，因为书读得多，在任何情况下都会固执己见。他们酷爱集邮和钓鱼，有的甚至到了人迷的程度。

※喜欢热、不太浓、甜的茶的人

这类人有过人的语言天赋，充满幻想和浪漫主义的情调，这也使得他们热衷于参与各种冒险活动。他们喜欢被人关注，也喜欢吹牛，这主要是由于他们的自恋引起的。

当朋友有困难的时候，他们总会过来帮忙，为其排忧解难。他们胆大，但心不细，有时会忘记许多重要的事情。虽然说他们的熟人很多，但真正的朋友却很少，因为他们在选择朋友上十分谨慎。

通过握杯姿势看透人心

杯子是我们日常生活中最为常见的生活用品之一，喝水、喝酒都要用到杯子，心理学家发现，一个人握杯子的习惯反映出各种不同行为方式，并微妙地反映出一个人的性格。

※手持玻璃杯下方的人

这类人性格往往比较内向，而且心思细密，非常在意小节。他们在意别人对自己的看法和评价。一般来说，这类人情绪多变，喜形于色，一旦不高兴，马上就会表现在脸上和动作上。

※手持玻璃杯中部的人

这类人对陌生的环境适应性很强，他们待人亲切随和，一般都不会拒绝他人的请求，是个"好好先生"。有时心里虽不乐意，表面上仍会和颜悦色。

※手持玻璃杯上方的人

这种人是不拘小节、乐天而大方的人。嗓门很大，喜欢边喝酒边聊表现出他现在正处于舒畅的状态中。

※两手持杯的人

这种人性格内向，害羞，很少与人交往，孤僻，不善言辞，多为寂寞孤独的人。虽然也想与人快乐地交谈、打闹成一片，但总是难以办到。然而这种人"亲和的欲求"是很强的，有着强烈的与人接触的愿望，对异性的关心度也很强。

※用小指、拇指或者是用两者来支撑杯子的人

这种人是具有艺术家气质的幻想家。然而常因不理会周围的意见而频频吃亏。

※紧握住杯耳的人

这种人自我主张稍强，个性过于张扬，凡事爱赶在别人面前，喜欢引人注目，是个我行我素的人。

※小指扬起的人

这种人性格内向，感情脆弱，有点神经质，是个拘泥小节、对周围人吝啬的人。这类人忧郁而敏感，一定要人家打破沙锅问到底，他方会觉得别人关心他。他很容易因为睡眠不

足、疲劳过度而显得心事重重，其实大睡一场、休息一会儿，就是治愈他最好的一剂良药。

※小指托在杯底的人

这种人具有艺术品位，对于刻板的工作或生活，常会没来由地感到不耐与烦躁。由于感受力强，他很坚持自己的主张，也很在乎自己的理想，只要一不如意，他会义无反顾地舍弃一切，重新再来。

※拇指及食指握杯耳，其余三指张开的人

这是以轻松态度笑看人间的人，有点儿吊儿郎当、游戏人生的味道。他说的话总是半真半假，令人半信半疑地去猜测。不过，他倒是挺能使人消愁解闷的，有他在，任何社交场合都不会单调、无聊了。

※只用拇指及食指提起杯耳，其他手指弯曲靠杯的人

基本上，惯常以这种方式拿杯子的人是理智型的人，就像电脑一样，他总是不慌不忙、胸有成竹地做每一件事，即使是遇上紧急事故，他也是指挥若定，天塌下来也不怕的样子。

通过点菜方式看透人心

点菜也可以看出一个人的性格。我们不妨细心留意周围的人，观察他们点菜时的一举一动，就可以轻易知道一个人的个性了。现在，对照下面来看一下。

※点菜时会大声地叫服务员的人

这是自我表现欲强，对周围的人大声喧嚷以表示自我存在的类型。同席的人虽然觉得丢脸，但当事者为了表现自己，不会在乎对他人造成的干扰。如果还叫了几次，也有看出性急的一面。

对服务员用命令口吻说话，老是摆出"我是客人"这种态度的人，会对地位与身份的上下关系斤斤计较（在不自觉的状况下），别人对自己露出（自己认为的）轻蔑态度时，会出现说出脏话等激烈反应。

※打手势招呼服务员过来的人

这种人会去考虑周围环境，站在别人的立场上。他们不喜欢出风头，但另一方面却拥有"为所应为"的执行力。在机会来临之前，他们会一直蛰伏等待。

※等服务员拿菜单过来的人

这种人耐性很强，是天生的乐天派，稳重自得。虽然从"怎么还没拿菜单来"的反应上多少看得出急躁的一面，却不招摇，自我主张不强烈，因此也容易累积压力。

找到空位之后就坐下，然后拿着菜单，开始浏览店里的菜色。接下来，就来看看哪种人会用哪种方式来点菜。

※不管别人，只点自己想吃的菜

是个性格乐观、不拘小节的人。为人不会计较，所以很受身边朋友的欢迎，同时做事果断，虽然如此，但也要先想清楚再下判断。

※速战速决点菜的人

这种人下决定的速度很快，性子急，却也有想法太过天真、缺乏深思熟虑的一面。拥有领导者的特质，但过于独断，并且不相信别人，且有"凡事求快""不想落于人后"的竞争心。

※请店员介绍再点菜

自尊心极强，不喜欢被人指挥。在作任何决定之前，总是非常坚持自己的主见。为人积极，做事都会全力以赴，同时会顾及他人的感受。

※犹豫不决，无法下决定的人

这种人太在乎别人了，缺乏决断力，会因为胃口太大，对各种不同事物都会转移焦点而极度迷失。

※先点好，再视周围情形而变动

是个性格小心谨慎的人。由于过分谨慎造成拖泥带水的习惯，给人的印象总是较为软弱。有创意和丰富的想象力，但太拘泥于细节，缺乏掌握全局的意识。

※"跟大家一样就好"的人

这种人是没有主见的人，总是左思右想而失去主见，对自己缺乏自信'他们力求跟别人步调一致，行动积极主动，会掉进死胡同里。

※会问别人"要点什么"的人

这种人会提示别人点菜，很有礼貌，个性亲切；虽然计划周详，却不会有更深入的想法。他们与总是跟随他人点同样的菜的人相同，是"同调性"很高的人。而一边问别人，却点了跟对方不同的菜色，印象中是那种不在乎别人而自行其道的人。

※最后还是跟别人点一样菜色的人

这种人遵从多数意见，希望与别人一样的倾向很强。他们不会坚持己见，经常会因为配合别人而改变自己的意见，是难以信赖的人。对自己所属的团体归属意识强烈，不喜欢离开团队或让团队产生混乱。

※一次点了一大堆的人

"这个也要，那个也要"的人，是个心浮躁的人。他们的想法与需求非得直接表达才甘心，有点孩子气。他们是对于失败（点太多而吃不完）的可能性缺乏慎重考虑的人，也欠缺"随机应变"的弹性。

第七章

揭开谎言面具，找寻真相

当一个人要说谎的时候，会有什么表情？

通过多年的研究工作，心理专家认为：谎言会发生在朋友之间，会发生在老师和学生、丈夫和妻子、证人和陪审团、律师和委托人，以及商人和顾客之间。

在正常的社会中，没有任何的人能够完全不撒谎，但不能说所有的谎言都是恶意的，谎言也是生活的一部分，只是要看撒谎的本意是为了什么。

正常情况下，一个人每天都会撒一两个谎，但为什么人们感觉不到呢？那是因为这些假话通常都微不足道，也许是一两句漫不经心的谈话，也许是一两句随意的恭维，也许是见面时的寒暄，也许是一两句解释，也许是对一件事情的看法……

比如说：

"我刚才在路上堵车了。"

"你穿那种颜色很好看。"

"我刚好要给你打电话呢。"

……

不得不这么说，说谎是人类社会的重要特性。但有时，我们需要找到人们说谎的线索，心理专家说："要想识别对方说出的话是否谎言，首先我们要找到谎言的线索。"在日常交往中，我们怎样才能识别出对方说出的是谎言呢？专家认为：我们的手指、手、手臂、腿，以及它们的动作，都会泄露我们内心真正的情感，当人们试图用谎言欺骗大家的时候，真相已经悄无声息地显现出来了。但是为了提高判断的准确性，我们还要从人们当时的情绪状态、言语交谈中捕捉更多的谎言线索。

※线索1：眼睛

肢体语言研究专家认为，当一个人撒谎时，他会想尽办法避免与你眼神有正面的接触。说谎时人们的典型征兆是：频繁地眨眼睛、漫无目的地四处张望、眼睛贼溜溜地转动等。视线斜视是"不想让别人识破本心"的心理在起作用。因为说谎而感到不安，所以试图尽可能地收集周围的信息，以求转移不安或者找回安全感。

※线索2：动作

人们在说谎的时候总会不自觉地紧张，只是有些撒谎高手善于掩饰，不易被别人发觉。若坐在凳子上，紧张的人就会浅坐在座椅的前半部分，并且曲着腿、弓着腰，好像随时准备从凳子上弹出来采取行动一样；有时候还会不停地抖腿和蹭脚，以此来分散注意力，消减心中的慌乱。若心中泰然则会显得精神松懈，就会坐稳在椅子上，同时伸出脚，很悠闲，表示不会立刻站起。

警察审讯犯人时，喜欢让嫌疑犯坐在只有一张椅子，没有任何遮蔽物的房间，再配以强烈的灯光照射，就是要除去有利于撒谎的环境条件，从而一目了然地观察犯人的身体动作。

※线索3：言行

最简单的判别方法是看对方的言语和表情是否一致，如果一个女人皱着眉对男友说"我爱你"，肢体语言研究员麦克认为这传达了矛盾的信息。表情动作与所说的话明显不一致，这是一种撒谎的表现。

※线索4：笑容

经过多年的工作经验积累，肢体语言研究专家麦克总结出，谎言的表情常常出现在嘴部。一个真诚自然的微笑会让整张脸亮起来，看起来十分自然，笑容并不是简单的嘴部动作。但如果只是硬挤出来的笑容，那么嘴巴应该是紧闭的，眼睛和前额也不会因笑容而牵动。所以说，一个不牵动整张脸的笑容，则是谎言的信号。

※线索5：双方距离

肢体语言研究专家麦克总结出，一般来说，当我们试图想要说服对方时，通常会把身体靠向他。但是，对于说谎者来说，他却不会有靠近的举动，甚至还会跟你保持一定的距离。倘若在室内，当说谎者感到不自在时，他可能会把身体面对或移向门的方向；如果说谎者站着，可能会靠在墙壁上。之所以会有这些反应专家麦克说："说谎者的心理状态已经显露于外，转而想在身体上寻求庇护。"

※线索6：说话方式

肢体语言研究专家麦克认为，说谎的人讲起话来可能会思维混乱，缺乏逻辑性，而且讲话声音较小，不会很自然连贯，好像那些话是硬挤出来的。有时还会结巴、说错话。

崔西卡曾经对她的前任未婚夫示爱，告诉他自己多么在乎他，而后她的未婚夫用几乎听不到的声音重复崔西卡的话作为回应。崔西卡原本以为这没有什么大不了的，直到她把一些事情拼凑起来，才发觉有蹊跷。当一个人作出类似崔西卡前任未婚夫的回应时，直觉告诉我们事情不对劲，而那不对劲的地方往往就是事情的真相。

※线索7：说辞

洞察一个人是否说谎，看看他说辞是否流畅，假如一个人的说辞听起来像是排练过的，那么极有可能的情况是，他预期你会提出这个问题，并花时间编排了情节。心理研究专家们发现，根据说辞寻找说谎的线索的效果极佳。如果一名警官讯问一名嫌疑人两年前的某一天的经过情形，如果他能够一五一十说出当天做了什么、去了哪里，就非常不对劲了。可以肯定地说，精准排练的说辞是说谎者外露的一种表现。

想要识别谎言，向对方试探的方法

追踪谎言线索也不是特别困难的事，有时候说谎的人一开口，他的谎言就已经暴露了。暴露谎言的可能是你脸上的表情情绪，可能是身体、手势、动作等，也可能是你的说话方式出卖了你，还有可能是在事情的来龙脉中让人看出了破绽，更有可能是在彼此的行为互动中让对方产生了怀疑。

总是，若想追踪谎言线索，可以从多方面着手，如果他在说谎，总有那么一个两个线索是可以抓住的。

肢体语言研究专家麦克，对于如何识破别人的谎言颇有心得，她认为，人们除非有先知先觉的能力，否则生活中我们每一个人都有可能被谎言欺骗。正因如此，我们更有必要学会用非言语智慧去判断和辨别生活中的种种谎言。

※向对方询问一件事实

当你不太确定对方对你说的是否谎言，但又无法大声直接地质问对方时，该怎么办？肢体语言研究专家麦克认为，在这种情况下，你可以针对你的疑点向对方提出明确的、具体的问题，这个做法会迫使对方回想事情的经过。对于近期发生的事情，如果对方很快地、毫不费力地作出回应，那表示对方说的是实话。否则将是谎言。

最重要的是，你一定要注意对方花了多少时间才作出回应。说谎的人一般会先在心里把答案检查一遍，确定合情合理之后，才作出回应，因此需要一段时间。而且，由于编造出来的故事情节是假的，所以对方一定缺乏细节的叙述，或者细节方面的描述很拙劣。

比如你的一个同事休假回来，到处宣扬去佛罗伦萨休假了，实际上却一直窝在家里。要想让他吐露真相，你可以先问他佛罗里达州的天气怎么样，玩得开心吗。他可能兴高采烈地描述半天那里的天气及自己的感受。

你进一步应该问他"你有没有租车"之类的问题，而且要若无其事地多问几个格调一致的问题。一旦他对其中任何一个问题作出了肯定的答复，那就再继续追问细节。

如果他撒谎，他将试图把故事情节安排得合情合理，而且需要时间作进一步的回答。如果对于你提出的话题，他总是轻描淡写地说上几句，就急急忙忙地转变话题，只有一种情况，那就是对你所提出的问题感到不安。

一个诚实的叙述者，一般应该期待对方延续话题，而非结束交谈。除非他说谎，否则大多数人都会兴致勃勃地谈论他去了一家新餐厅、去了哪个地方玩，遇见了什么有趣的事等。

※旁敲侧击

肢体语言研究专家麦克认为，大多数说谎的人，他不可能对所有的人都撒谎，他至少会对一个人吐露真相。那么，如果你的方法正确，很有可能会成为得到真相的那个人。重要的是，你必须让那个人相信，你已经知道了真相，并且让你自己投入其中，让你看起来非常真诚。你只要使用一种最适合那个情况的情绪反应，例如关心、同情、幽默、惊讶、恐惧、喜悦等，你就能使对方产生最大的信赖感。

如果有人因为某件事情牵涉到另一个人，而不愿意透露实情时，要想获得真相，你必须巧妙的转弯。

例如：你的下属向你提及，另外一个同事把一个订单搞砸了。

如果你问"他哪里出了差错？"，恐怕将一无所获。但是，把问题转个弯，制造一个诱饵，就可以让你的下属松口。

你说："假如由你来处理这个订单，你的方法会有什么不同？"

这个巧妙的转弯，就可能会促使他打开话匣子。为了证明自己的能力，他会一边比较另一个同事的做法，一边说自己将如何操作。而你留意的只是那个同事出了什么差错。

把问题转弯的时候，一般都转到正面积极的方面；对方觉得，回答你的问题是在做一件非常正确的事。如果你用一种简单直入的方式来问，对方可能死也不肯透露半句。

※向对方说出真心话

肢体语言研究专家麦克总结出：当我们很难查出他人所表达的意见是否有所欺瞒，你就不能指证某人就是个骗子。

有时候，人们拒绝吐露真相，是因为他们居于强势地位。在这种情况下，争辩追根究底通常都是不恰当的，也不会获得什么效果。因此，这时你可以必须把交谈的内容引到私人层面。通过下面例子的解读，可以在任何情况下，揭露一个人内心的真实情感。

例如：试图与买家做成买卖，但是买主不想购买，又没有说出一个令你信服的理由。你问买主为什么，他可能会不冷不热地回答不为什么。

你可以这样说："我就是靠这个买卖生活。我的一家子全靠我养家糊口。很明显，我们的产品十分精美，而你也是个通情达理的人。你是否可以告诉我，我哪里冒犯了你？"

买主冷不防地听了这番话之后，一定会说："喔，你误会了，你没有冒犯我，只不过是……"

进入了私人的领地，并且使用"冒犯"一词。买主为了证明你并未冒犯他，唯一的方法就是说出不愿意购买你的产品的真正理由。

让对方不能说谎的办法

俗话说：有效的进攻就是最好的防守。一旦你上当受骗，你就可以运用你所学到的技巧，轻易地获知真相，从而揭穿对方的谎言。然而，处理谎言的最佳时机，是在谎言还未成为谎言之前。肢体语言研究专家麦克为大家提供以下技巧，使你将谎言消灭于形成之前。当你想要得知一个真相，而这个真相又与对方先前的行为有关时，我们就可以使用这个技巧。

我们先假设这样的一个情景：

一位父亲怀疑自己未成年的儿子偷偷上网吧打游戏，他该怎么办？以下列举了几种处理方式。

1.你有没有上网吧？如果让我发现你偷偷上网吧，我就揍死你。

其实，这样的愤怒根本不会让自己的儿子坦白认错，反而，你的儿子会因此而继续说谎。这是我们平时家长最常用的一种处理方式，也是最糟糕的方式。

2.你偷偷上网吧了，对不对？

这样的处理方式暗示了父亲手中已经握有了儿子上网吧的证据。这种方式相对于上一种要好一点，有些时候可能会管用，儿子可能以后会有所收敛，不想为了再次遭受指责而添一次说谎的错事。

3.我想跟你谈谈你偷偷上网吧的事。

听了这句话，儿子会觉得自己的父亲已经知道他偷偷上网吧的事了，现在只是想跟他谈一谈。因此，这种处理方式就是"提前的假设"。但是儿子也可能对自己的父亲说"我不想谈"之类的话。尽管如此，"我不想谈"这句话，已经揭露了事情的真相。

4.你偷偷上网吧的事，我全都知道了。你知道爸爸非常生气，但我只要你答应我，毕业之前不许偷偷上网吧打游戏，这样会影响学习的。

这种处理方式是最合理、最有效的，应该也会达到最好的结果。

上述前3种处理方式相对欠缺一些，而第四种是我们所提倡的。这种处理方式的优点在于：

（1）父亲采取了"提前假设"的技巧——"偷偷上网吧的事，我全知道了"；

（2）父亲运用了两个"不言而喻"。"偷偷""你知道爸爸非常生气"两句话，创造了一个说实话的氛围。儿子听到了两个关键的词："偷偷"和"你知道爸爸非常生气"。所以，儿子愿意接受父亲后面的提议；

（3）父亲给了儿子一个简单解决问题的协议。儿子唯一要做的就是承诺毕业之前不许偷偷上网吧打游戏，这样父亲就不予深究了。这样的处理方式既没有恐吓，也没有惩罚，只是一段坦诚的谈话，儿子肯定会欣然接受的，效果也是最好的。

使用这个处理方式时，必须要记住以下四点：

（1）要把你的怀疑假定为事实；

（2）至少要有两个不言而喻的事理在里面；

（3）把你的诉求从威胁转换成要求；

（4）这个要求一定是易于接受的。

谨记如下国际通用手势

由于国家之间的语言及文化的差异，在肢体语言使用及解析方面也就产生了不同的结果，心理专家们经过多年的研究发现，各国在交际手势的使用上面有很多的差异，现将三种最常用的跨文化交际手势告诉大家，以免在交际的过程中造成双方的尴尬。

※环状手势

从形状上来看，环状手势中拇指与食指所形成的环形代表的就是"OK"一词中的O。在大多数国家中，"OK"一词表示"好"或者"没问题"的意思，所代表的含义大都是一致的，不过在某些国家或者地区，这个手势却代表了暴怒多的含义。

比如：

在日本，"OK"表示金钱；

在法国和比利时，"OK"表示为"零"或"一无所有"；

在希腊，如果你想对方做"OK"的手势，他会理解成你想告诉他你是同性恋，或者你把他当成了同性恋；

在土耳其，"OK"这一手势带有强烈的侮辱性，因为这一手势在土耳其代表"肛门"；

在阿拉伯地区，"OK"这一手势很少见，一般理解为"威胁恐吓"或者"猥琐下流"的意思。

※V型手势

V型手势最早起源于第二次世界大战期间，当时，丘吉尔用V型手势代表胜利，从此，这个手势开始流行并使用起来。在当时，丘吉尔在做出这个动作的时候，手掌是向外的，其代表了胜利。如果做这一手势时手掌面向自己，这一手势的意义就完全不同了，就变成了一种具有侮辱性意味的手势。

而在一些国家，这个手势还有不同的诠释：在亚洲国家，经常在聚会、拍照时看见这一手势，表示很高兴的意思；在欧洲的某些地方，表示数字"2"；在澳大利亚、新西兰以及英联邦国家，V型手势的意思是"举起双手"或者是"抬起头"。

※竖起大拇指

竖起大拇指，这个动作，一般代表了"好，不错，非常棒！"的意思，而在美国、澳大利亚、南非、新加坡以及新西兰，竖起拇指的手势具备了三种意思：

1.那些喜欢搭便车的旅行者，经常会向过往的车辆做出这一手势，意在告知车里的司机我想搭便车；

2.表示"好，不错，没问题"，与"OK"手势相似；

3.假如人们突然竖起拇指，则有侮辱的意味，表示"举起双手"或者是"就这么着"。然而在希腊，竖起大拇指这个手势意为"吃多了撑的！"

女性表示好感时的动作

女性在与异性的交往过程中，能否成功地赢得对方的好感，除了自身的因素外，与她们有效使用示爱信号可以说是不无关系的。心理专家们将与我们一起分享女性在示爱时，最常用的几种肢体语言信号，希望能够对单身的女性找到自己的另一半有所帮助。

※仰面与抚弄头发

仰面与抚弄头发，这个动作是女性发现自己喜欢的男性首选的动作，这是一种暧昧的信号。她们通常会将头部微微后仰，让头发自然垂到身后或者搭在肩膀上，同时用手轻轻抚弄头发。事实上，女人们想通过这一动作告诉男性，她很在意自己在他眼中的形象。

自我抚摸

女性对于肢体接触的敏感度也远远高于男性。作为男性，如果你看到一个女人缓缓地抚摸自己的大腿、脖子或者咽喉时，如果你也对她有好感的话，你就可以走上前去向她示好，因为她已经通过这个动作向你传出了一种示爱信号。

※暴露柔软的手腕

如果一名女性遇到自己比较心仪的男人，经常将手腕内侧细嫩的肌肤暴露出来，通过这个动作，向男性发出示爱信号，以求得男性的喜爱。女性柔软的手腕被公认为最能引起男性性欲的女性身体部位之一。女性的手腕一般都很柔软，肌肤都很娇嫩，女性经常在男性面前摆弄柔软的手腕，以此表示自己恭顺柔弱的心意。

※扬肩外带斜视的目光

女性在对自己有好感的男性面前，经常会通过这样的一个动作来发出示爱信号：扬起自己的肩膀，用一种比较勾魂的斜视目光看着对方，把自己丰满的胸部展现出来。

※摆臀

将臀部高高翘起并不时地摆动，这个动作已经成为了女性示爱使用频率最高的动作之一。女性臀部要比男性的更加圆润宽大，这就意味着当女性在行走时，其臀部的扭摆幅度将会更加明显，圆润宽大的臀部也就显得更加突出了。

※两腿合二为一

女性常常在坐着的时候将两腿合二为一，这也是女性示爱的一种信号之一，女性可以通过这个动作来引起男人的注意，并以此暗示内心渴望被自己喜欢男人关注并抚摸的欲望。